WUKUIGANG LUNWENXUAN

论文选

吴奎罡 著

安徽师范大学出版社

·芜湖·

责任编辑:孙新文　陈　艳
装帧设计:桑国磊
责任印制:郭行洲

图书在版编目(CIP)数据

吴奎罡论文选/吴奎罡著. —芜湖:安徽师范大学出版社,2015.3
ISBN 978-7-5676-1884-8

Ⅰ.①吴… Ⅱ.①吴… Ⅲ.①经济学—文集 Ⅳ.①F0—53

中国版本图书馆 CIP 数据核字(2015)第 030747 号

吴奎罡论文选

吴奎罡　著

出版发行:安徽师范大学出版社
　　　　　芜湖市九华南路 189 号安徽师范大学花津校区　邮政编码:241002
网　　址:http://www.ahnupress.com/
发 行 部:0553-3883578　5910327　5910310(传真) E-mail:asdcbsfxb@126.com
印　　刷:安徽芜湖新华印务有限责任公司
版　　次:2015 年 3 月第 1 版
印　　次:2015 年 3 月第 1 次印刷
规　　格:700×1000　1/16
印　　张:11.25
字　　数:156 千
书　　号:ISBN 978-7-5676-1884-8
定　　价:24.00 元

目　　录

第一编

著 译 类

对外贸易与价值规律[※]

（第一部分）

［美］安瓦尔·谢赫

绪言

在马克思分析资本主义时，价值规律是作为资本运动规律的主要基础提出来的。在此基础上，马克思阐述了货币规律、价值规律、利润规律、积累规律、再生产规律和经济危机规律等。资本主义制度本身的结构和作用，不仅决定着工人反对资本家的斗争，而且也决定着工人反对工人、资本家反对资本家的斗争。因此，马克思以这些决定和限制关系的历史发展为背景，也就是以价值规律发生作用为背景来分析上述那些斗争历史的发展。

尽管价值规律的作用范围在三卷《资本论》中作了阐述，然而我们知道，许多论题仍然是不完备的，而另一些问题则几乎全未被论述。例如，马克思原来打算将第三卷《资本论》中所进行的研究扩展为论国家、论对外贸易、论世界市场和论经济危机等，每个问题都作为专著加以讨论。但是，这项工作没有进行。相反，甚至连

＊本文原载于《世界经济译丛》1982 年第 1 期，吴奎罡译自美国《科学与社会杂志》1979 年秋季号，内容略有删节。

《资本论》二卷、三卷也得在马克思逝世以后由恩格斯从一堆琢磨较好的手稿和更多论点要进一步阐明的笔记中整理而成。到今天，马克思的某些原稿如论货币和论外汇率等还未发表。

本文的目的是要着手扩充上述三个主要方面之一的内容，即由价值规律扩展到对外贸易问题。

但是在开始这项工作之前，我们首先必须证实在大卫·李嘉图或在马克思之后许多撰写国际贸易、帝国主义、不等价交换和其他问题的马克思主义者的著作中都没有完成的理论。因此在下文里，我们首先要探索李嘉图在劳动价值论中借以得出比较成本这个著名原理的方式，因为那些彼此不同的作者如李嘉图、奥林、萨缪尔逊和伊曼纽尔①，就是在这个原理基础上来研究商品贸易和国际分工的。我们将不仅考查什么样特殊机构必然引起这个特有规律，而且还要考查这个规律渗入正统派和马克思主义者两种外贸理论的方式。然后才有可能回到主要问题上来，并阐明马克思主义国际贸易规律与正统派李嘉图理论之差别。

由于这一任务的范围较广，本文将分两部分阐述。第一部分集中阐述比较成本规律的由来、后来被正统派理论引用以及它明显或不明显地存在于马克思主义现代外贸理论中。在第二部分，用马克思对李嘉图价值理论的批判来推翻比较成本的原理，而把马克思自己提出的价值规律扩大到外贸中。在这个基础上，我们将能够阐明从商品、财政资本和生产资本的流通中分别引起的一些现象。最后，我们将能够论述与这些流通过程相联系的各种价值转移，并利用这些成果来发展对不等价交换的批判。

---

① 伊曼纽尔（Arghiri Emmanual），在《世界经济译丛》1980 年第 6 期《第三世界的马克思主义经济学》和 1981 年第 8—10 期《国际贸易理论简评》等文章中，均译为埃马努埃尔。

李嘉图关于比较成本规律的由来

李嘉图认为在他的时代所面临的政治经济的主要问题，是确定调节资本主义社会产品在三大阶级之间分配的那些规律的问题，也就是决定"地租、利润和工资的自然趋势"的规律的问题。

但是，李嘉图在自己写作过程中很快认识到，他的分析没有价值理论是不能够进行的。他很快认识到这种价值理论既需要相对价格理论，也需要货币理论。

1. 价格理论

李嘉图向自己提出的第一个问题是确定调节相对价格规律的问题。当然，他清楚地知道，市场价格的直接调节者是供给和需求；但是，他像他的前辈亚当·斯密同样清楚地知道，供和求相互作用不停的波动，是受一个更基本的均等利润原则制约的。这样，由于市场情况的变化，某个个别部门的利润率上升到平均利润率水平以上，这时资本就会向那个部门流去，引起那个部门的生产更快地发展，供过于求，因而使该部门商品的市场价格下降到一个大致符合于平均利润率的水平。相反地，利润率低的部门的生产就会趋于以较慢速度增长，供不应求，引起该部门商品价格上涨和利润率上升。

因此，古典经济学家能够证明，在市场价格不断变化的现象背后，存在着另一种更主要的价格，它是市场价格的中心，并大致体现着平均利润率。在古典政治经济学中把这种调节着价格的价格叫作"自然价格"，而马克思后来把这种价格叫作"生产价格"。

这一切在李嘉图时代以前就是很明确的了。他自己设法做的事正是要在生产价格背后，找到调节着生产价格的东西。李嘉图认为，这些商品相对生产价格的各种变化大体上是由于这些商品所包含的总劳动需要量相对变化的结果。每个商品的总劳动需要量就是包括生产该商品所需要的直接劳动时间，加上生产该商品的各种生产资料生产所需要的间接劳动时间，还要加上生产这些生产资料的生产资料生产所需要的间接劳动时间等等的总和。在形成这个价格变动规律的论点之后，李嘉图在以后各章里接着假定，相对的生产价格大约等于相对的劳动总需要量。他对货币和外贸的分析都是在这一认识的基础上进行的。

在这里，不可能考查李嘉图的论证后面的推理。用马克思的话说，我们可以说，在李嘉图原理的第一章之后，他的分析就是建立在生产价格大致与（劳动）价值相适应的假定上的。据我们看来，这就足以说明问题了。

2. 货币理论

在得出一个相对价格规律后，李嘉图转而研究货币价格水平方面变动的原因。

我们将继承李嘉图的下述设想：黄金是货币商品。因此，一种商品的货币价格就是这种商品同黄金的交换率。不过，如果商品大致是按其（劳动）价值比例进行交换，那么，任何一种商品的货币价格就是该商品的劳动价值除以单位黄金（比如说一盎司）的劳动价值。它代表着购买一个单位商品所需要的黄金货币的数量：即这种商品的货币价格等于那么多盎司黄金。当然，哪里有货币商品，哪里就出现代表黄金特殊重量的专有名称，例如在李嘉图时代前后，在英国大体上1/4盎司黄金就叫作一"镑"。因此，一种与一盎司黄金相交换的商品，我们就说它有四镑的货币价格。

在任何特定的一年里，同一个金币可能几易其主，某个人通过出售商品收取了货币，当他用货币来购买其他某些商品时，这个货币又被付给了别人。这样，同一个金币在任何一年里作为流通手段可以不止一次地发挥作用。比方说，一个金币平均一年里五易其主，那么，它的流通速率等于5。

现在假定某一年里生产的全部商品所需要的总劳动时间是

4,000万个工时,而生产 1 磅（1/4 盎司）黄金所需要的总劳动时间是 1/2 工时。那么,全年社会产量的货币价格将是 8,000 万镑。假使每镑硬币的流通速度为 5 次,这就意味着那一年里需要的货币是 1,600 万金币——每个重 1 磅（1/4 盎司）。

当然,迄今所讨论的一些规律只是与生产价格有关。可是我们从市场价格规律得知,假使某种商品供过于求,那么它的市场价格就会下降,也就是它交换到的别种商品较少。如果这种规律也适用于货币,那就会立即导致下述情形的发生:当金币的数量超过流通的需要量（所谓对硬币的需求）时,金币的价格就会下降。现在黄金既然是货币,那它就不能有货币价格。可是它既能被用来在市场上购买任何商品,那就可以说,它简直有千万种的"商品价格"——人们可用 1 磅（1/4 盎司）黄金购买的各种数量商品的价格。所以,古典派的货币数量学说宣称:当金币的数量超过流通的需要量时,所有黄金的"商品价格"就会下降,因为这意味着黄金将能买到的各种商品较少,这就等于所有货币价格上涨。

迄今这种讨论只在黄金货币方面展开,但是,李嘉图迅速扩大了这个论点,把一切类型的货币包括在内:在其他条件不变的情况下,货币供应量增加将使所有货币价格上涨,而货币供应量减少又使所有货币价格下降。正如我们不久就会看到的,这种货币理论在李嘉图的外贸理论中起着一种关键性的作用。

3. 李嘉图的比较成本规律

我们已注意到,李嘉图的价值理论包括相对价格理论和货币理论。在下文里,我们将会明白,为什么李嘉图的价值理论必然引出他著名的比较成本规律。在这点上,重要的是要认识到李嘉图利用他的货币数量说,作为他的外贸规律推论过程中的关键性因素,因为正是货币数量说规定了李嘉图答案所必需的结构方式。例如,我们在下一节里将会看到,新古典学派的理论强烈地抵制了李嘉图的劳动价值说,但是它仍然利用货币价格方面的各种理论——它们

（就这个问题而论）在作用方面是类似李嘉图的理论的。所以，新古典学派的理论也把它对对外贸易的研究建立在比较成本原则的基础上，是不奇怪的。

让我们从英国生产的布和酒这两种商品开始来考察李嘉图对对外贸易的分析：布的生产需要 100 个工时，酒的生产需要 120 个工时。按我们上述的例子，假定 1 镑（1/4 盎司）黄金的生产需要 1/2 工时，那么根据李嘉图的价格规律，布和酒的生产价格会大致地等于它们各自和黄金的劳动时间相当的劳动时间。在国内，布大约按 200 镑出售，酒大约按 240 镑出售。

现在，从葡萄牙来考察这两种同样的商品。葡萄牙的货币单位，我们叫它为埃斯库多，约等于 1/6 盎司黄金；假定各国黄金生产的劳动时间相同，则一埃斯库多（1/6 盎司）黄金的生产就需要 1/3 工时。如果那时在葡萄牙，布的生产花了 90 个工时，酒的生产花了 80 个工时，那它们的国内生产价格分别约为 270 埃斯库多和 240 埃斯库多。

但是要注意，英镑和埃斯库多都只是不同国家的黄金数额的货币名称。如果英国对外国的支付超过英国从外国的收入，也就是，如果英国发生了收支赤字，金块最后必定被用来补偿这个差额。既然这两种货币单位实际上都是黄金的数额，而国际支付手段事实上又是金块，我们很可以简化这种说明，直接用黄金的盎司数表示各种价格。假使一盎司黄金需要两小时劳动时间，我们便得出下列李嘉图的以英国和葡萄牙为例的图表。

表 1

英国	葡萄牙
布：100 小时→50 盎司黄金	45 盎司黄金→90 小时：布
酒：120 小时→60 盎司黄金	40 盎司黄金→80 小时：酒

显然，在最初这种形势下，葡萄牙生产方面较大的效率直接转

化为贸易方面的综合性的绝对优势。如果运输费用不高，葡萄牙的资本家将输出这两种商品。英国则会遭受连续性的贸易逆差，要补偿这个逆差，势必要把黄金运往葡萄牙。

根据李嘉图的逻辑，货币数量说在这里就成为关键性的东西了。黄金从英国流出就使英国的国内货币供应减少，按照数量说，英国所有商品的黄金价格将开始下跌。相反地，黄金流入葡萄牙将使那里的所有价格上涨。当这种情况发生时，葡萄牙在国际市场上的竞争优势将逐渐被削弱，尽管在生产效率方面，它仍将有着像它以前有过的那样大的一种优势。但是，这种较高的生产效率由于葡萄牙的价格较之英国的那些价格有所上涨，将日益被抵销。事实正是这样。

在这个进程中，英国这两种商品中的一种迟早将变得刚刚能够同葡萄牙的同类商品进行竞争。但是哪一种商品呢？就生产效率来说，在两种商品中英国总是处于一种较之葡萄牙绝对不利的地位。但是，因为英国所有价格下跌和葡萄牙所有价格上涨，英国的不利程度最小的商品将最先赶上它的葡萄牙竞争者。如果我们来考查上面表 1，我们就会发现，英国酒的生产只是它的葡萄牙竞争者的生产效率的 $66\frac{2}{3}$ ％（因为葡萄牙酒的生产花费 80 小时，而英国酒的生产花费 120 小时），英国布的生产却是葡萄牙的生产效率的 90％。英国不利程度小或比较有利是在布的方面，所以在英国价格较之葡萄牙有所下降时，首先和葡萄牙竞争的商品将是英国的布。同样很清楚，假如英国在这两种商品生产方面的不利程度相同，那么，英国这两种商品就会在同一点上成为和葡萄牙竞争的商品。在这些情况下，虽然贸易仍然可以进行，但没有专业化的固定基础。只有当英国在这两种商品方面有着不同的不利条件，也就是只有当英国一种商品处于比较有利的地位时，李嘉图的贸易方可进行。

一旦英国能在布方面展开竞争，双方对流的贸易就会开始。这将改善英国贸易的前景，但是它不大可能消灭赤字；因此价格水平的波动将继续下去，加强英国的国际地位，削弱葡萄牙的国际地位——直到最后某个时期由于每个国家都输出一种对自己相对有利的商品，贸易才能大致达到平衡。如果由于某种原因，调整过了头，达到英国向葡萄牙抛售酒的地步，于是，黄金回流的结果将会把价格水平的波动情形倒转过来，直至相对优势再次发挥它的作用。

调整过程的重要含义是，各个国家间的交换比率（进口数量可用其一组出口数量买回）将必然比其国内的交换比率为好。例如，在英国市场上的布将是英国的布；但是所买到的酒一般将是从葡萄牙进口的。具有自由思想的爱国主义者要求人们坚持购买英国的酒，那他们就必须支付一种比他们购买进口酒要高的价格。因此，一个单位的布——英国的出口商品价格要值更多单位葡萄牙的酒，比值国内的酒要多，这仅仅因为国内的酒成本较多。同样地，葡萄牙出口的酒可值更多单位英国的布，比值葡萄牙的布要多，这仅仅因为英国的布更便宜一些。

方才提到的各国进出口交换比率的问题，常被用来作为证明对一个整体的国家的贸易有利的证据。因此可以说，英国通过贸易用它的布能换取更多的酒，比它能从国内换取的酒要多：贸易是普遍有利的。虽然李嘉图在贸易有利于资本家的基础上，谨慎地得出贸易规律，可是当他着手研究贸易的成果时，他却抛弃了阶级的概念，而回复了国家作为一个整体的概念。不可否认，对国家的概念作某些范围内的研究不仅是有益的，而且是必须的，各个国家客观存在，它们的相互作用是一个客观过程。但是，认为贸易有利于作为一个整体的国家，就是认为"凡是对通用汽车公司有好处就是对美国有好处"。贸易是由资本家进行的，因为他们利用这种方式能谋取更多的利润，总是他们赚钱。即使资本家的这种利润偶尔也流到各国工人那里，根据上述分析，那也不一定是必然的。在这个例子中，人们只可以说，贸易也有利于一部分特殊阶层的工人。要把各阶级间基本的和敌对的关系缓和为国家整体的温和一致的关系，那是不可能的。只要他们双方在竞技场中都扮演着角色，基督教徒们就不会为狮子喝彩。

4. 比较成本说的现代推论

显而易见，从上述的论证看，至关重要的正是"这种"货币理论对比较成本规律的推论。任何一种把落后国家初期的贸易赤字变成下降的价格水平（和先进国家的价格水平相比较的下降）的货币理论，都将是迅速获得成功的诀窍。因此，我们必须说一点现代价格水平的理论及其在现代比较成本推理中的作用。

一般地说，现代外贸理论的一些说法对李嘉图提出的一些基本原理仍然原封未动。但是他们在价格理论上不同意李嘉图的意见，而在依据比较成本所导致的专门化的精确的机制构成上，也稍不同于李嘉图的论述。

就价格理论而言，李嘉图认为确定价格的是劳动总需要量，而新古典学派经济学则代之以这样的论点：一个商品的价格确定于整个国家为了增产一单位这一商品而必须放弃（在生产与否的边缘上）的商品。由于这种机会成本的概念只有在全部资源经常得到充分利用的前提下才有意义，所以新古典学派理论也就认为有必要（也大有方便之处）以全部资源充分利用为前提。因此，假定一个国家所具有的资源，并假定这些资源得到充分利用，则各种商品的相对价格就取决于技术结构（如一个国家的生产能力曲线所示）和消费爱好结构（如对商品的等效曲线所示）。

这样一般论述的毛病是，实际上任何结果都可能是由于供给和需求（生产可能性和消费爱好）的适当结合所取得的。像所有近似的同语反复一样，这种论述几乎对每件事都是千篇一律的，因而实际上不能说明任何问题。其结果是，对外贸的现实体制——赫克谢尔、奥林、萨缪尔逊的模型——盛行的论述，必然使明确得多的结论成为具体得多的解释。

鉴于李嘉图在国际相对成本差异的条件下找出国际专业化的模型，赫克谢尔、奥林、萨缪尔逊的公式，试图再深入一步，把这些（改善了的）相对成本和一个占优势的变量——既定的国家的资本基金和劳动基金——联系起来。为了这样做，模型假定世界上两个地区的消费者基本上是一样的，甚至更为惊人的是，模型还假定在这两个地区生产条件都完全相同的情况下生产某一种商品。

关于消费者的假定，消除了两大地区（比如发达资本主义世界和第三世界）之间作为说明某些相对成本差异的在需求方面的差异。但是，更重要的是，相同生产设备的假定消除了发展不完善本身——和它一起消除了绝对有利和绝对不利的问题——作为对相对成本差异的解释，因而也作为对贸易模式的解释。

剩下的唯一东西就是国家间资本基金和劳动基金的差异。这里就表明，资本较多的地区（也就是资本基金相对地多于劳动基金的地区）将能够生产比劳动多的地区更加便宜的资本密集商品。相反，劳动多的地区自然在生产劳动密集的商品方面，将会得到一种比较成本的优势。由此可见，资本多的地区（发达的资本主义世界）为了生产效率和整个世界的利益也应该在资本密集的（大量生产的）产品方面实行专业化生产，输出它们的产品以换取劳动多的（不发达资本主义）地区的劳动密集的那些（初级的）产品。换言之，承认并适应发达和不发达地区之间差异的存在，从整个世界的观点来看是有益的。可怜的李嘉图只敢承认那种国际间的不平等是最好的。如此奇妙的解释，被引申和歌颂其他不平等的现象是不足为奇的。例如，加里比彻认为结婚是男人和女人之间的一种"买卖"契约，可以完全用赫克谢尔、奥林、萨缪尔逊的模型来分析。男女之间的主要差异越大（也就是制度化的性别歧视越大），这种"买卖"获利也就越大，这种婚姻就越牢固。

一般地说，关于比较成本规律的现代的一些说明，还未涉及该规律所产生的实际结构。这里几乎完全强调从可以达成的交易中获利，如果这种交易是建立在比较成本基础上的话；不过，既然这些模型也是想要说明现实的贸易模式，"这就产生一种内含的假设，即保持国际货币平衡所需的货币工资和价格水平或者汇率的调整实际上在进行"。由此可见，对现代比较成本的推论取决于李嘉图原理的主要变式：就一切情况而论，期望的解决办法的性质要求货币变量（价格水平抑或汇率）能进行调节以使绝对优势变为相对优势。所以，从各种意义上来说，假使英国的生产效率绝对低，从而它生产初期的成本高，其结果，英国出现的逆差必将以某种方式导致英国各种价格的连续下降；而葡萄牙的贸易顺差又必将引起葡萄牙各种价格的连续上涨——直到某个时候，每个国家都只在一种商品上拥有成本优势。

因此，对比较成本的评论要求我们对比价格水平方面的四种基本理论：休谟关于李嘉图的数量说中硬币流通学说；关于数量说中现金平衡学说；凯恩斯关于通过货币工资水平确定价格和马克思的货币理论。为了这样做，我们需要某种共同基础。

幸运的是，大部分国际贸易史的大部分理论已经被作为国内和国际货币本位的贵金属所支配了。因此，我们在国际贸易理论的讨论中总会找到一种共同的理论基础——国际贸易理论在所谓金本位条件下的作用。对基于这个基础的各种理论进行对比，而这些理论本身的分歧则可以同制度结构的分歧分离开来。既然李嘉图和新古典学派都没有声称各自的比较成本规律学说取决于任何特殊的货币制度，金本位就是一个有效的共同基础。事实上，新古典学派对金本位条件下调节作用的论述，同李嘉图的论述实质上是完全相同的：

在金本位条件下的调节作用……在下述意义上是或多或少自动的，即指望一些中央银行采取较多限制和较少限制的货币政策以分别对黄金的流出和流入作出反映，使这些货币政策能反过来作用于价格和工资水平，使一些亏空国家降低价格和工资水平，并使一些盈余国家提高价格和工资水平。这些价格的变动也期望把盈余国的消费转让给亏空国，从而减少以至最终消灭不平衡……这个理论即使它的做法有点过于简化，但总的来说还是正确的。

在新古典学派的讨论中，金本位在理论上被看成等同于固定汇率制度。因此，据说在和固定汇率相反的理论极端存在着一个纯灵活汇率的概念，即这种汇率完全是由本国货币相对的供求关系所决定的。这就认定，每个国家可能有一种完全独立的货币制度。在这种情况下，每个国家的价格水平是不受外部影响的，并且通过汇率来实现一切调节。在一个落后国家里，贸易赤字含有一种本国货币贬值的意思，这就造成进口货在本国昂贵，而出口货在外国便宜。既然假定这个过程没有一个限度，那么灵活汇率最终将固定在一个实现比较优势的水平上。

在我们还未研究马克思的货币理论之前，我们是不能评价上述各种推论的优劣的。但是，把金本位的存在看作同固定汇率的某种理论概念相同的东西，是完全错误的。对这点加以说明是有益的。在金本位的实际运用中，它是灵活汇率的一种制度，而灵活汇率运动又是受黄金运输费用决定的一些界限所制约的。这就是说，就贸易"正常"变化这点而论，金本位似乎是作为一种纯灵活汇率的制度而运用的。另一方面，就连续的不平衡而论，汇率很快就达到两个极限中的一个，于是通过直接运送黄金的办法来支付欠债是一种较为合算的事。因此，黄金本位在这种方式中又像作为一种固定汇率制度来运用。所以，正统派理论中存在的固定汇率和灵活汇率这两个独立的极端见解，有其对客观过程的片面性的（因而是错误的）抽象化根源。下文我们还将讨论这个重要问题。

5. 正统派的批判和马克思主义的批判

比较成本规律，无论它的形式怎样，总是同自由贸易的倡导相联系的：李嘉图自己对这个原理的论述，实际上是他反对谷物法（该法令被用来防止廉价谷物自由输入英国）的论战部分；从那时起，各种自由贸易者就把他们的论点建立在李嘉图的那些理论基础上。因此，与其说发现批评家们的主要攻击是针对那种规律——它认为贸易模式将取决于比较成本，不如说发现他们的主要攻击是针对这种主张——它认为自由贸易是对整个世界有用的，互利的，有好处的。这些是能够意想得到的。

这里，我们不能非常详细地评论这个规律的正统派批评家们，这留待以后评论。一般地说，这些批评家可分为三类。首先，有那样一些人（如格姆雷、凯恩斯主义者等），他们企图修改这个规律的某些方面，以便在理论上对规律提出反证。尽管他们明显地反对这个规律，可是那些批评却含蓄地（常常也明显地）认为这个规律在自身范围内有其理论的正确性。因而，对下面这种情况是毫不足怪的：这些批评通常不被看作对比较成本的反驳，而被看作对比较成本的进一步发展；具有代表性的是，在新古典学派的教科书中，比较成本说一般是作为构成国际贸易理论基础的基本原则而提出来的，上述各种批评就只作为这个学说的发展和具体化。

总之，就正统派的批判来说（无论是理论上的、经验上的，还是历史上的），我们发现比较成本学说的一些基本原则相对地未遭损害。因此，我们就转向马克思主义的批判。

我们已经知道，马克思对李嘉图的价值理论作了详尽的论述。这似乎表明马克思主义者们早就用某种方法把马克思主义引申到研究李嘉图的比较成本规律。奇怪得很，情况并不是那样；相反，这个问题很少被提到，而在被提到的场合，他们只承认李嘉图的一个重要结论（价值规律调节竞争的资本主义经济内部的交换，而不能调节这种经济之间的交换），含蓄肯定李嘉图确定国际交换界限的尝试。

为什么对这个问题如此惊人地沉默呢？部分原因是由于在马克思著作中很少提及外贸问题——当然，这是由于马克思预定在《资本论》之后的另一本书中来研究这个问题。但是，在马克思著作中的这种沉默只是马克思主义者在论述这个问题上的矛盾的部分解释。另一个同样重要的原因是：在列宁的帝国主义论发表以后，资本主义已经进入它的垄断阶段，这就成为马克思主义者的常谈。在垄断情况下，价格形成规律这样的问题必须被抛弃，这一观点已经同样地被马克思主义者和非马克思主义者们广泛地接受了：从分析的观点看，垄断的最重要的方面就是，垄断价格与价值之间的不一致是不受任何一般规律所支配的。所以，余下的只有资本主义商品生产的基本社会关系，而垄断资本主义理论则说明这些社会关系的各种表现。

当然，一般地说，一旦价格形成规律被抛弃以后，国际价格形成规律也必然随之被抛弃了。于是焦点转向国内和国际大垄断组织的竞争，转向它们和各资本主义国家政治的相互作用，转向这些国家自身之间的对抗和冲突——换句话说，转向作为垄断资本主义面貌的"帝国主义"。价值规律如同自由竞争的资本主义自身一样就成为历史的陈迹。

面对上述那些观点，对马克思主义关于积聚和集中（与垄断相反）的概念，试图作一个正确的解释，就超出了本文的范围。可是必须指出，就是接受了上述那些观点也决不能消除马克思主义者中对待李嘉图规律的矛盾心理，也不能解决为辩论转变问题、工资理论等而出现的冲突，相反地，只是回避这些问题。像他们的对方——正统派人物那样，这些马克思主义者的批判仍然保存了比较成本规律——至少是在自由竞争的资本主义情况下。

最后，近几年来，由于阿·伊曼纽尔的挑战性新著《不等价交换——对商业帝国主义的研究》的问世，整个争论已经再次明显地达到了焦点。在这本书中，伊曼纽尔企图以攻击比较成本学说的基本假定之一——不同国家之间和世界各地区之间的资本的不可转移方式来推翻那个有害的比较成本学说。

伊曼纽尔先来说明李嘉图对外贸的研究是以劳动和资本在世界各地区的不可转移性这个假定为基础的。可以说这些是"纯"外贸的条件，因为在这种情况下，只有商品（非资本抑或劳动）在各国之间流通。

伊曼纽尔是在这些原始的基础上接受了李嘉图的规律的。但是他争辩说，今天世界的不同在于，即使劳动在世界各地区大体上不能转移，但资本今天却有相当的转移性。所以现今世界上劳动的相对不可转移性，导致资本主义世界发达和不发达地区工资方面巨大而持久的差异，而资本的相对可转移性实际上趋向于使这些地区间的利润率平均化。所以，比较成本规律继续决定着国际贸易模式和专业化（从而决定着国际分工），而现代资本的变动却引起许多崭新的和意想不到的由这个规律产生的后果，这就是伊曼纽尔的论点。具体地说，当工资在不发达地区趋于低得多的时候，而在这些地区间的资本又不能转移的情况下，利润率在不发达地区将比在发达地区高。假使通过国际资本的转移使利润率平均化，那么，不发达地区的利润率将下降，而发达地区的利润率则上升。由此可见，利润（剩余价值）将从前者转让给后者。既然利润是经济增长的一个重要源泉，那么，利润从不发达地区转移出去，同时就是这些地区经济增长程度——相对于在没有外国资本干扰的情况下可能达到的那种增长程度的降低。这种把在资本不能转移情况下可能得到的利润的效果同在资本可转移情况下实际得到的利润的效果相比较的意义，同外国资本在不发达地区获得的利润以后是否留在那里被重新投资或被汇回本国这个问题是完全不同的。就这些利润被汇回国来说，这自然会害上加害。但是主要问题还是转移本身，伊曼纽尔称它为（狭义上的）不等价交换。

这里我们将不详细地考查伊曼纽尔的分析。从我们的观点看，注意到这个争论的两件事就够了。首先，伊曼纽尔在原先研究的基础上，十分明确地接受了李嘉图的规律，甚至在他后来对不等价交换的推论中还把这个规律作为国际劳动分工的基础。在这个意义上，李嘉图的规律还是伊曼纽尔的新的上层建筑的基础。其次，虽然许多马克思主义者对于有问题的伊曼纽尔基础理论的批评很有力，而他的批评者们却设法巧妙地回避他书中提出的两个中心问题：第一，在马克思的三卷《资本论》中所保持的抽象概念的范围内，李嘉图的比较成本规律是马克思价值规律的国际形式，这种说法（如许多马克思主义者所相信的那样）确切吗？第二，当资本输出变得重要时，马克思的国际价值规律就变成伊曼纽尔的不等价交换规律，这种说法（如伊曼纽尔所证明的那样）确切吗？

这样提出的这些问题，像马克思在《资本论》中所阐述的任何其他规律一样，具有完全相同的理论地位。马克思在自由竞争的这种"思想"形式下，揭露了资本主义结构，就是因为这种形式能最从容地表述资本主义制度的内在规律。就是在这个基础上，马克思得出剥削、危机、集中和积聚以及其他许多资本主义所特有的现象。既然这样，一个资本主义国家内部自由和等价交换引起所有这些现象，而资本主义国家之间进行的交换却不发生上述情况，这不是怪事吗？尽管马克思在自由竞争的基础上得出一个资本主义国家内部发展的不平衡，而马克思主义者一般地都得采用垄断来解释资本主义国家之间发展的不平衡，这是怎么一回事呢？这些都是我们下一步将要说明的问题。

第一部分的小结和结论

也许，国际贸易研究中最永久的命题就是通常所谓比较成本规律，这个规律，我们知道，已经被正统派经济学家和马克思主义者们同样在它本身的论据上一般地加以接受了。在各种乔装之下，这个断言在涉及资本主义国家之间的国际贸易时，一切固有的不平等都被否定了。一个国家，无论怎样贫穷，都不必害怕贸易。因为像资产阶级的司法一样，它不承认地位的差别。诸如此类。

但是，它终于证明除了按比较成本专业化的所谓优越性的论证外，事物的真正的实质在于断言国际贸易的基本推力，是要实际地引出这样的专业化。同时，我们指出，正统派关于价格水平理论的作用，就是按照推测实现这一目标的自动机制。

然后我们接着按原来（本质上未改变的）样子考查了比较成本原理——李嘉图的比较成本原理的发展。只有在这个工作完成之时，人们才能提出并研究这个规律的现代推论。重要的是证明这个所谓的规律是李嘉图的价值理论和货币理论的逻辑结论；它使我们能够确定，要对这个规律批判的是它的前提，而不是规律本身。

在本文的第二部分，我们将集中论述马克思。马克思在对李嘉图的研究中，向我们提出对李嘉图的价值和货币理论的必要的批判。并且，马克思在自己的著作中，是在论述价值规律的发展中讨论这些问题的。我们还将介绍马克思自己对价值、价格和货币的论述。这将会得到双层的结果：马克思对所谓比较成本规律的前提的评论，将向我们提供一个评论这个规律本身的理论根据；同时，马克思自己对价值规律的发展，又向我们提供一个充分论述国际交换规律的理论依据。当这项工作完成时，比较成本规律将在它本身的论据上被认为是不可能的。不像李嘉图所发现的葡萄牙和英国将在两个生产部门中的一个部门各自最后达到专业化生产——尽管葡萄牙在两种生产中具有绝对优势——我们将会发现葡萄牙将必然输出这两种产品。英国——本例中的不发达资本主义国家——最后将以黄金支出抑或短期借款来抵销持续的贸易亏损。其他条件相同时，这样的贸易最后必然崩溃。

当这种成效表现在贸易的实际内容方面时，我们就可以说，自由贸易将保证资本主义不发达地区或者必须把它的进口必需品限制在由它们的出口所能支持的低水平上，或者这些地区将要长期亏空和永久负债。统治着贸易的不是相对优势，而是绝对优势。

这表示着把马克思的价值规律（它自然包含着货币理论）扩展到国际商品交换的领域。但是，正如马克思指出，这些商品是资本主义生产方式生产的商品——各国资本的商品形式。因而各国间商品资本的交换带有其他形式的国际资本——如财政资本（外国借入的/借出的）和生产资本（直接的投资）的萌芽。

直接投资的问题是特别重要的，因为对这一问题的研究在各种贸易理论中起着非常重要的作用。例如，正统派理论认为，直接投资是弥合资本主义富国和穷国之间的差距的一种手段，因为它把发达国家的储蓄转移到不发达国家。另一方面，马克思主义理论则从生产资本的输出中传统地推论出国际间发展不平衡的重大现象；例如，伊曼纽尔就以资本输出作为他的发展不平衡理论的非常重要的部分，因为利润率是通过生产资本转移而平均化的。

但是，大部分对直接投资的这一类研究，都是建立在接受李嘉图比较成本规律的基础上的。这个规律是这些理论上层建筑的基础。因为本文的中心论点是要推翻这个规律，而后确定只能归因于商品贸易的作用——以前把这归因于资本输出——在此，把这种分析扩大到包括直接投资的效果，这一点就成为必要的了。

因此，我们要提出后面这个问题。它将表明，虽然外国资本对经常性贸易亏损差额（部分由于资本的流入和部分由于输出部门的现代化和发展）能提供一个弥补数，但它只有在破坏当地的工业、妨害本地生产力的发展、损坏贸易条件和引起资本相应流出（例如以汇回国的利润形式的剩余价值）等代价下才能做到这一点。由此可见，外国投资不仅没有消除国际间的不平等，反而加紧了强者对弱者的控制——不仅通过垄断或国家权力，而且通过"自由"竞争本身。

最后，我们还将解决剩余价值的转移问题。这里要特别注意由国际竞争所引起的不同程度的价值转移和转移的基本方向和效果。我们将证明，转移的方向和全部作用都不可能简单地加以确定。的确，这些转移的发生是作为不发达本身的从属现象，而不是不发达本身的主要原因。因此，这种认识将使我们能够简短地批判那种不等价交换的观念——如它的主要支持者所阐述的那种观念。

发达资本主义国家与当代世界之危机[*]

［美］约瑟夫·加米列里

在 20 世纪，跨国公司保护下的经济活动的国际化，加深和加速了各国经济的相互渗透，促进了贸易的制度化，促进了各国货币、金融和科学技术越过国界相互交换，这些都已表明，把政治和经济分离开来的做法是不合理的。确实不能轻易假定：国家只是或者主要是一个政治角色。例如，我们将设法证明国家在组织世界市场和建立国际劳动分工方面已经起着决定性的作用。就国家对当前世界经济的作用仍旧重要这方面来说，它必定成为任何方程——作为对当代世界体制的一种说明中的最重要的变量之一。

主权国家体制除形成中心——边缘的劳动分工之外，还通过法律、外交和军事布局，形成中心范围内权力的分配，从而为资本主义世界体制不同部门经济的生产管理提供了重要机制。

就内部和外部来看，国家都表现出多层次的作用，国家内部一些权力集团和某些国家之间（或某些不同国家权力集团之间）联盟的形成，可以被认为是构成不等价交换的国际体制主要机构的支柱之一。基于这个体制之上的劳动分工，导致剩余产品从世界经济的边缘地区向宗主国许多部门转移。

我们这里的目的仅仅是要说明发达资本主义国家与世界经济之

---

* 本文原载于《安徽师范大学学报》（哲学社会科学版）1983 年第 2 期，吴奎罡译自美国《社会与科学》1981 年夏季号。

间日益复杂和危机交错的关系。

资本的国际化

自从第二次世界大战以来，几乎每个经济活动领域都迅速地国际化。这个过程在世界贸易中发生得特别明显，它已经表现出一种比世界收入更快的增长率（近几年中年平均增长率大约达到 10％），令人印象更为深刻的是国际资本流量的增长，不仅包括有价证券的转移，而且包括直接投资和流动余额日益大量的转移。在 1973 年内，由多国企业在国外所进行的贸易总额全年共达 350 亿美元，也就是非共产世界总产量的八分之一。生产的国际化是同资本、技术、管理技能越过国界的大范围扩散紧密联系着的。连劳动也已在国际间至少在某些经济区域和某些经济部门内流动了。

尽管对实际上由各国经济所进行的对外贸易的信赖现在已经达到从未有过的均衡，这个趋势已经成为一个多世纪以来资本主义工业化的明显特点。马克思凭借着对资本主义发展性质的惊人的洞察力，早在 1848 年就描绘出未来形势的鲜明图像：

"不断扩大产品销路的需要，驱使资产阶级奔走于全球各地。它必须到处落户，到处创业，到处建立联系。资产阶级，由于开拓了世界市场，使一切国家的生产和消费都成为世界性的了。……过去那种地方的和民族的自给自足与闭关自守状态被各民族的各方面的相互往来和互相依赖所代替了。"

上述这段话指出了当代资本主义的一个主要矛盾，即国家领土界限和国际资本扩张之间的紧张状态，不用说这是一种极非凡的见解了。城市化和政治经济集中化的这个过程导致民族国家的建立，现在已把国内不能容纳的生产力解放了出来。

在本世纪初，资本输出，也就是资本从一国范围内渗透到另一国范围内，这种情形曾被广泛地认为是现代化经济生活的明显特征。霍布森关于帝国主义的理论（1902 年发表），曾明确地预言，资本主义生产的扩张能力和工业控制者必然力图把他们过剩的资源引到外国市场和到外国投资。布哈林在 1915 年发表文章，坚持认为生产力的增长终将导致"国内资本的集结"或"资本的国际化"。因为这个缘故，一些新的组织发展了，表现在国内卡特尔和托拉斯由于本国经济内部生产力的增长而建立起来。在 19 世纪末出现的国际卡特尔化和托拉斯化的过程，以萌芽形式表现出一种要控制世界经济的无政府组织的尝试。由于世界大银行的作用以及银行与工业资本间相互联系的扩大，大大促进了国际组织的增长，并最终引起财政资本这个非凡新事物的产生。

国际商品交换和资本输出的增长，未必增进各贸易集团之间团结一致的程度。恰恰相反，常常伴随着"最激烈的竞争，生与死的斗争"。资本的国际化以帝国主义的民族主义表现出来，而国际劳动分工把别国私有经济转变成经济过程迅速一体化的组成部分，这种一体化过程差不多扩张到全球的每个角落。由于生产力在国家界限狭小的范围里起作用，冲破了这些界限，各个国家就不可避免地发生冲突，并必然力图动用全国所有资源去进行这种国际斗争。国家军事机器包括全国征兵及其组织机构的增长，于是就导致总体战争这种新现象的产生。在 19 世纪危机和萧条已能够改变生产形势和加强资本扩张，而到本世纪初更发展到这样的程度，即资本主义生产通过竞争和衰退不再能够得到相当的利润率。按保尔·马蒂克的话说"商业循环变成一种世界战争的循环"。

但是若不考虑国家机构（它支持国内资本主义）方面同样广泛和有关的革命，我们就不明白国际关系方面这种革命的完全含义。世界经济的发展更加促进集中的过程，并最终把"整个国家经济变成在少数金融大王和资本主义国家保护下的巨大的联合企业。"但是，正如已经阐述的那样，经济和政治过程的累进联合——反映在中央银行体制的发展部分上——只不过加速各国经济的互相渗透和加强各国对抗的力量。第一次世界大战和大衰退就是这两种密切相互作用的趋势的生动表现。因此凯恩斯在 20 世纪 30 年代鼓吹回到民族自给自足经济和退出国际资本主义市场，是不足奇怪的。

然而，凯恩斯反对世界市场的做法已经对第二次世界大战后的经济政策产生了一定的影响，它迎来了在美国领导下通过资本主义体系进一步一体化的一个新的前所未有的资本主义发展时期。一些跨国公司利用由美洲和平所创造的有利经济和政治环境，开始实行工业和地区多种经营的广泛计划。国际贸易自由化、确立美元作为国际交易和财政业务的"周转货币"、毫无障碍地输出资本和通过外国巨额援助方案，这些方面都大大帮助了跨国公司对民族国家经济的渗透。

大公司财政和行政的实力使它能够加速自然科学和社会科学的进步，并将其用于建立"一个新的国际工业组织机构和一个新的国际劳动分工机构"。从上述分析看来，人们很容易懂得为什么跨国公司应该被认为是生产国际化最强有力的工具。生产资本在国际间的流动和把生产由一国转移到另一国的内含能力，已大大增强多国对劳动的影响。而经过相当训练的劳动力的存在则是资本顺利积累和扩大的重要因素，资本具有利用各国经济间的工资差异以自肥的能力，这事实上说明国际资本再生产的统一性，它不合理地增强和加剧了这种不平衡发展的过程。

据说为了实现经济计划，必须运用凯恩斯关于国家干预的理论以便对私营部门给予相当的鼓励，形成日益扩大的国内市场和国外市场，并创立一种能够支持国际贸易和国际金融发展的体制机构等等，这完全是讽刺人的。因而，凯恩斯关于国家政策的理论，就成为私人资本向国内和国际继续扩张的工具。以后的社会结构已经有好多种称呼，如称为"社会工业制度""新的工业国家""缔约国"，或者称为"军事工业综合体"。无论哪一种名称都是用来描述这种现象，即现代资本主义不可避免的事实是具有社会政治结构的生产过程的进一步一体化。

已有足够的事实可以说明，国家在国际劳动分工的每个阶段都已经起着决定性的作用。在所谓资本主义竞争时期相对有利条件的理论适用于国际贸易，用帕洛克斯的话说，从而产生"商品资本国际化"。劳动分工的新阶段是由银行资本的扩张及其与工业资本的结合所引起的，因而国际化过程就扩展到"货币资本的循环"方面。在现今这个时期，国际化的发展已经超过商品资本（贸易）和货币资本（金融）循环的范围，而进入了一个新阶段，即生产资本（跨国生产）的国际化，这就必然重合和强化上述的两个过程。

国际化的体制

尽管世界经济的增长表明各国经济相互依赖的增加，可是很显然在世界市场内不存在一种和睦集体，而是存在一种多元体制的民族国家市场。列宁在其有特色的帝国主义论中所引证的那种大规模资本主义经济不平衡的和竞争性的发展情形正是这样。与考茨基的新的超帝国主义政策——它会消灭各国间的竞争并"引起国际联合的金融资本共同剥削世界"——成鲜明对比，列宁把国际同盟看作只不过是两次战争之间的休战，它终究是会瓦解的。列宁还举出大型军火工业的增长，作为由资本这种国际化引起的各国资本间的不调和性的例证。于是，列宁与考茨基的论战就出现了两种对抗着的分析当代资本主义国家间关系的理论结构。一方面是超帝国主义的公式，它要求那些相对自治的宗主国有力的联合，作为建立在各国之上的必须保持体制统一的机构。用传统术语说，某些大国对维护力量平衡承担主要义务，从而防止任何一个大国想通过武力来实现霸权主义。另一方面，列宁的公式坚持说帝国主义的对抗是第一位的，它不时引起国家间的暴力行为。换言之，国家对整个世界体制不能实现一种稳定的作用，但是它可以充当本国资本利益的代理人——所以，各个竞争的民族资本主义之间存在不可避免的冲突。

但是，还有分析资本主义国家关系的第三种基本概念，这种概念与1945年以后这一时期特别有关。这种公式认为有一种趋势是使经济竞争利益集中在个别国家中，尽管，控制不可能实行，而对抗可能常常是表面化的，霸权国家充当世界资本主义的组织者，并在内部和外部威胁的情况下维护资本主义世界的统一。战后世界贸易和货币体制的重新改组以及军事联盟网的建立，就它们确保自己成员在美国无可争辩的领导下实现战略和经济的一体化而言，看来可能符合这种公式。美国资本的垄断地位使资本积累可能出现一个新阶段，这是由于经济的空前增长和社会主义经济逐渐加入世界市场而产生的。

但是，积累所固有的性质是竞争的反复出现。一种辩证的立场占优势：美国资本的扩张要求改造欧洲和日本的资本。唯一可以替代美国直接作用的是那些新增的竞争者，它们终将会侵袭美国的垄断地位。根据20世纪60年代以来美国实力的明显下降，可以预言，霸权的或美国超帝国主义的理论——作为分析资本主义国家间关系的钥匙——已经不得人心——所以这是另两个公式的翻版。例如，曼德尔他赞成列宁的论点，证明美国的霸权正受到欧洲和日本的有力挑战。按照他的观点，欧洲和日本一系列公司的合并，资本的逐渐积累，专门技术知识的日益完备，已使美国资本在生产力方面所保持的优势明显减弱。在欧洲和日本的工资低于美国的条件下，生产力的发展使欧洲和日本不仅在世界市场上，而且甚至在美国国内市场上都能成功地同美国大部分产品进行竞争。欧洲和日本制造业出口的迅速发展同美国衰退的贸易效能对比，被引用来作为经济多极性的证据。

在欧洲国家权力正被用来帮助欧洲大资本的情况下，作为一种不受别国控制的民族主义力量起码在萌芽状态就形成了一种"帝国主义宗主国"。资本互相渗透和政治一体化之间的相互关系可以这样来表述：

　　……共同市场内资本互相渗透的发展，一些大联合银行和大工业单位（它们大部分不是某一个国家资产阶级的财产）的出现，为共同市场中超国家政权机关的建立提供了物质基础。

　　事实证明，欧洲的政治联合将加速合并运动，加速合理化和积累的进程，因而它鼓励对外投资，作为渗透到外国市场的最有效手段投到美国和其他地区。在这个意义上，推动欧洲诸国彼此更加紧密联盟的各种力量，很可能会加剧欧洲和美国之间的紧张局势。假使欧洲诸国得以成功地组成一个联合宗主国，它们就会增强国际间对立和加强帝国主义对抗，这是世界资本主义体系内部的一种占统治地位的趋势。

　　民族国家之间的相互关系不能简化为本国资本之间的相互关系，也不能简化为每个民族国家内部外国资本和当地资本之间的相互关系。在这方面，美国资本在其他国家经济中的盟主权（即使是被经验证明了的）也不一定反映在美国霸权中。不论从美国资本在美国经济内部的作用方面，还是从它对欧洲经济的影响方面，都不能把美国资本看作是一种同质的统一体。此外，假如整个资本主义体系真的爆发危机，那么，每个国家内在化的危机这个事实就很可能加剧各国间的紧张局势，这也很可能损害帝国的霸权。实际上，有充分理由使人认为，世界资本主义的危机是同美国力量的衰落不可摆脱地纠缠在一起的。因为美国似乎不再能起到使资本主义相互依存关系得以迅速发展的一些稳定的和协调的作用。从这个意义上说，20 世纪 70 年代的危机明显地反映在美元（作为国际信用集中的主要工具）的跌落及由此引起的固定外汇率的放弃上，并在很大程度上，是由霸权政策向帝国主义竞争政策不稳定过渡的一种表现。发达资本主义国家的危机是整个世界市场范围内基本矛盾（即联合和分裂之间的矛盾）的固有表现。

国际化对国家的影响

关于国际资本扩张所引起的各国经济之间的相互依赖，我们在上面已经提到，但是还未强调指出，这是国际经济关系的政治化所造成的。在国家政策手段的效能明显下降的同时，世界经济进一步的一体化却急剧地增加了它对各国经济目标的影响。再者，经济的互相渗透不仅在不同国家而且在每个国家的不同部门也都经历着不同过程，因此，它有利于一些部门，而又不利于另一些部门。就它怂恿和增强国内倾轧来说，国际一体化预示着国家有崩溃的危险。

事实已经证明，经济国际化增加了民族国家经济的脆弱性，使它们面临着不可预料的和不可控制的潜在的外部压力。这常常指的是巨大的和日益频繁的资本转移所带来的一些不稳定的后果。例如，欧洲美元市场提供国家权限管辖以外的信贷来源，并把海外（美元）兑换比率的变化情形转送到国内货币市场。多国企业的全球金融政策——通过各种方式贯彻的包括股息、专利权支付和价格转让——已经常引起与国内政策反方向的短期存款运动，并加剧国家支付差额方面的危机。

这些金融压力——经济跨国化的直接表现——使一些作者强调国家主权进一步被侵害。他们指出：迅速、灵活机动和已经集中起来的决策智能，就人事、资本设备以及设计、购买和出售商品与劳务等布局而言，适合全球企业，使全世界资料、技术和产品部件能够在超出一个受领土限制的制度（如民族国家）范围内进行转移和调整。在缺乏跨国公司的财力、技术和管理办法的情况下，民族国家经济管理的传统手段被狭隘地限制在它们自身选择的范围内，并使自己在结构上依赖外国资本。虽然跨国企业的挑战受到了不发达经济的最激烈的回击，但据说这个现象还是普遍存在的，并预示着要取代作为不可分割的政治经济单位——国家。

　　企业和国家之间的紧张关系，被描绘成为有组织经济活动的两种方式——一种基于跨国公司基础上的"纵向方式"和一种基于国家基础上的"横向方式"——之间的冲突。按照海尔布伦诺的观点，冲突的情形可能要持续到未来的某个时期，同时这两种组织方式会增强它们在未来几十年中的力量。并且他预言，资本主义政治杠杆的加强是国际公司不断发展的直接结果，需要加强计划管理和政治控制。

　　海尔布伦诺的结论同历史上出现的国家在经济生活中不断穷困的典型是契合的。确实，世界经济一体化——它引起一些周期的变化和长期的波动，很快波及一些国家经济——加强了这种趋势。正如我已经观察到的那样，国际积累和危机的这个过程就是"把世界市场组织合并成为若干民族国家"。每一次经济危机的出现，特别是在国际竞争日益加剧的条件下，都驱使国家沿着管理的道路前进一步。

　　只有一体化的前景，才能克服由国际资本的民族起源和民族国家的国际职能所造成的一系列概念上的困难。现代宗主国终究不得不把地方资本和外国资本结合起来，正如多国公司不得不在母国和一些东道国经营一样，而母国比东道国对跨国公司可能传统地实行更大的控制，这种情形会迅速发生变化，部分变化是全球力量新均势的结果。美国领导下的资本主义体系统治的整体化，可能已经显示出国家（或至少大多数国家）在调整国际经济关系方面的作用一个时期以来已经变小。但是就超级大国的行为可能已经损害一些适合其他宗主国的国家政治机构而言，向多中心主义的转移可能会倒转这种趋势。在日益分裂的世界经济中，竞争利益的破坏性影响很可能超过现行制度的管理能力，国家终将会明白它在保护"民族利益"方面必须获得更大的经济管理权——它可能包含维护和扩大国内资本在（隶属于外国权限管辖的）经济领域和领空方面的利害关系。特别是通货滞胀和国际竞争激化的时期，资本的国际化将会导致民族国家中危机的内在化，这本身也将增加国家经济管理职能的重要性。

国家的职能

各国经济的互相渗透是扩大而不是缩小民族国家体制的范围，假使人们接受这种观点，那就必须阐明国家的职能及其同国际化进程的关系。

关于国家经济作用方面的许多混乱，事实上是与广泛流传的但是错误的"国家干预"（新古典学派和凯恩斯经济学所共有的）概念有关系的。根据新古典学派的观点——最近几年在雅克·鲁夫和米尔顿·弗里德曼的著作中被作为例子说明的，国家既不能预知也不能避免经济危机。它只是通过阻挠市场力量的自发波动，而促进了危机的发展，例如像职业津贴这类社会措施，被说成破坏劳动市场的机制和妨碍均势的恢复。按照这种论点——它通过各种形式表现并为理论上攻击福利国提供根据，凯恩斯对国家干预的处方有着加倍的害处，因为它没有把公共耗费减少到最小限度，这集中在那些妨碍货币管理主要任务的财政和金融措施上。按照弗里德曼的观点，1929－1930 年的经济危机不是由于私人投资的大量减少造成的，而是由于美国货币政策的失灵造成的。类似 20 世纪 70 年代的危机被说成是一种错误政策的结果，这个政策把长期均势的两个国家共有的过渡时期变成伴随着高失业率和高通货膨胀率的严重衰退时期。

同新古典学派的观点相反，凯恩斯的战后已在大多数资本主义国家中取得支配地位的经济政策，分析了一种纯劳动市场的存在，并认为就业水平取决于投资水平。因此，国家的职能就是定期地实行干预，目的是以较高的公共消费率去补偿低水平的私人投资率。凯恩斯的原理已经获得广泛的承认，特别是在社会民主党内部，他的原理是把政府消费看作保持充分就业和收入再分配，从而增加总消费量和减少社会不平等的一种有用手段。虽然凯恩斯与新古典学派之间的争论表明他们的判断和处方的分歧，但也突出地表明这两个流派所共有的一个基本看法。在所有情况下，经济政策是以国家（一个为了达到所要求的均衡国而着手经济领域的政治统一体）"干预"的形式表达出来的。不管人们把国家"干预"看作是对长期均势的破坏（按新古典学派的观点），还是把国家"干预"看作是对一种新的和较高的均势的促进（按凯恩斯的观点），在这两种情形下，经济危机不是被当作为工业资本主义所固有的，而是一方面又被当作是国家进行错误干预的结果，另一方面又被当作是国家干预失败的结果。

根据资本主义社会的观点，危机的再次爆发可能被看作是"一种允许用调整来改变再生产条件的反馈电路"，从而克服资本主义经济动态内部固有的紧张状态。

世界经济危机包括两个方面因素："资本主义恢复的可能性和资本主义被废除的可能性"。在历史上应该想起：危机、萧条和世界战争不是导致资本主义的崩溃，而是导致资本主义的复兴。

在另一方面事实也是，每次连续的危机大大加剧了资本主义体系内部的紧张关系。因为每次危机过后，既出现实现更大量剩余价值的潜力，也出现阶级之间和阶级内部更尖锐的冲突的潜力，这两方面要求，为了资本主义体系的存在，经过资本积聚和资本集中的过程来消灭效率更低的资本。但是，这种趋势不可避免地导致一些较弱企业和国家被另一些更大、更强的企业和国家所吞并，而这种吞并过程是在紧张形势下继续进行的，具有一系列政治经济冲突与骚动的特性。因此，每次较大危机都是在资本主义业已发展的范围内改组整个体系和调整国内障碍的出发点。当资本有机会从一个部门向另一个部门，从一个国家向另一个国家，或者甚至从一个大陆向另一个大陆扩大转移的时候，向着世界经济的生产合理化及其社会政治结构的再调整方向发展，就表现出一种巨大的强制力。

根据对危机概念的这个简要分析，表明一方面国家是冲突的动因和危机的促成者，因为国家把社会生产力同用自己活劳动启动生产力的人分离开来，使之制度化，并加强了这种分离。另一方面，国家也是一种用来解决危机和消灭那些阻塞资本主义经济再生产的限制性条件的主要工具。

确实，在绝大多数发达的资本主义经济中，国家对建立财产关系的法律条件、对调节商业周期、对再生产劳动力和保证维护劳动纪律、对合理规划国家市场、对工业提供信贷和津贴、对科学和技术研究提供资金、对组织能源运输和通讯系统、对通过广大范围的劳动福利措施保持社会结合、对管理对外经济事务，都承担了主要责任。但是，在正确阐述国家对经济发展作用的同时，对下述两点仍然是分析不足的：对国家机构的性质强调不够，还忽略了支配国家的各种矛盾。因为资本主义国家机构不会自动地体现资本主义生产者的利益，这种国家机构乃是战场，在这个战场上，资本主义社会各种经济和政治对抗势力互相斗争着。资本主义不断增加的不稳定性——在危机时期当巨大财政资本趋于消灭自己的弱小兄弟之时，这种不稳定性变得特别厉害——迫使国家行使一种扩张作用，因为它只要建立起来，就能对改组资本，使竞争合理化，减轻危机激烈性，从而对抵制自我毁灭的倾向起作用。

在需要给资本积累提供必需的技术基础之时，资本主义国家也需要保持这个过程的合法性。积累职能和合法职能变成增加国家干预的需要，这就必定要求增加国家的费用。詹姆斯·奥康纳把不能满足这些多方面的和渐增的需求情况说成"国家的财政危机"，同时，他用垄断、竞争和国家经济部门之间的对立关系说明了上述情况。根据米尔金·哈伯马斯的观点，竞争对财政政策的需求最终预示着合法性的危机，因为国家负有使行政效能同这个过程合法化相一致的双重的但不值得称赞的任务。不可避免，围绕国家经济管理任务而展开的政治冲突和由此引起的政治联合改组，既表明国家相对的自治，又表明国家所统治的各部门内部尖锐的紧张关系，通过

"政治节制"而保证合法性的需要，要求制度提供适当的私人偿金，不管是利用货币、空闲时间，还是利用保证物。但是，通过国家福利纲领满足这种独善其身主义，很可能加重通货膨胀和政府开支这对孪生问题。危机在一定程度上的解决，往往可能把危机向其他方面转移，向或许更高程度上转移。

这些范围在对外政策领域是同样明显的。事实是，民族国家既对本国资本的海外业务行使其主要作用，又对投资在本国境内的外国资本实行其主要作用。经过由广泛法律和外交手段（包括关税货币和援助协定、出口信贷、投资保证、引渡条约、军事联盟、建立区域和国际组织）所调停的积极引诱和消极制裁的结合，国家就可以为本国资本和外国资本的利益服务。实际上，国家可以使用武力或以武力相威胁，或通过脱离联邦形式或是通过吞并形式以致改变国家现存界限。这样，国家不仅反映着流行的国际劳动分工，而且可能直接妨碍各种生产因素的流通，从而改变世界市场的结构。可是，这些职能的行使如其说是受每个国家的领土范围所限定的，不如说是受国内政治和经济的分裂以及对手国家利益之间的竞争或帝国利益之间的竞争所限定的。

由国家在国际经济关系方面提出定货和预测措施的这种尝试，对其他无政府主义世界经济实行管理的尝试，至少部分地受到无政府主义世界经济所包含的国家经济管理的危机和政治两极分化所损害。民族国家内部的"关节脱离"和复杂性质，因而反映和增加国际资本主义体系的分裂，特别是在帝国主义对抗时期。

1973—1974 年间发生的国家无偿付能力和银行倒闭现象，无疑地同国际货币危机和布雷顿森林制度的崩溃不可摆脱地联系在一起。在这个意义上，本国资本和外国资本之间、每个国家经济内部资本的不同部门之间以及为控制国家机器而竞争的不同政治集团之间的冲突，既有国内性质，又有国际性质。向更强制的政治统治形式（反映在议会民主的下降和公民自由的被践踏，以及日益尖端的军事和准军事统治体制的发展方面）的转变，表明国家对其要使危机变为经济恢复的尝试的功能下降而作出的对内和对外反映。这种趋向也在核军备竞赛方面得到说明。这种核竞赛通过纵向扩散和横向扩散加剧了国家间敌对、猜疑和紧张的气氛，从而大大增加国家安全的危机。国家作用和反作用职能失调的结果，会在什么时候为制度本身的改变创造必需条件，这仍然是个决定性的但还未回答的问题。

若干初步结论

前面诸页已试图说明发达资本主义国家的性质，特别是关于国家——它在资本积累过程中传统地起着一种中心作用——危机。我们注意力集中在四个决定性的相互作用的关系方面——国家和资本扩张之间的关系，国家经济管理和国际经济相互依存之间的关系，不断改变政权机构的国家之间的关系，不同的和时常对立的国家职能之间的关系。

通过对这些过程认真的考查，我们可以假定，同大多数流行的推理相反，发达资本主义国家作为世界舞台的主要活动者将不会被多国公司所代替。甚至在资本主义体系的边缘，在那里国家的恢复力可能是最弱的，多国企业体制丝毫没有迹象表明它能够克服积累过程中日益增多的障碍。这种趋向以更大的力量作用于资本主义世界一些发达的部门，在那里经济危机正迫使宗主国把某些新的策略限制强加给宗主国境内境外的那些生产单位。

在任何情况下，多国公司所谓的挑战，不是国家危机的根源，而只是问题的征兆。首先，国家危机反映着适应于各国经济的策略余地不断减少和把各国经济联系在一起的相互依赖日益增多之间的矛盾。确实，贸易和资本流动日益加速的发展——国际化过程方面最近阶段的特征——缩小了国家政策选择的有效范围，而同时国家对经济干预的需要又扩大了。在国家干预的效能日益下降的同时，经济上日渐增加的相互依赖却增强了国家的经济和政治职能，国家的这种困境随着对国家有限资源的争夺，随着生产职能与传统职能之间的潜在冲突的增加，已经变得更加严重了。虽然通过各种交易过程国家能够转移危机，甚至还能逃脱对某些危机应负的责任，但是对这些选择的能力是受到一定限制的，要维护国家的政治一致性和文化优先结合，我们对一些矛盾着的轻重缓急秩序必须通过某种方式加以调整。

还有一种不稳定的因素产生于资本主义国家间对抗的加深，美国为了抵销自身霸权的下降而日渐增加的干预，往往会激起其他宗主国的实际报复或威胁报复。欧洲政治一体化和为了欧洲厂商的利益无保留地动用国家一切资源的这种倾向，要是继续下去，将会帮助欧洲资本的扩张和加强其同美国资本的冲突。日本在外交和经济舞台上渐增的要求，都表明了同样的趋向。

但是，正因为多中心倾向分裂国家和威胁世界经济的结合，所以世界资本主义内部的多中心倾向是以国家计划和暗中强化资本主义民族国家为条件的，这却是自相矛盾的。在（由国际劳动分工而形成日益相互依赖的）资本主义综合体和（被隔离在竞争的资本形式和民族国家形式上的）资本主义体制之间发生的矛盾，是对了解民族国家及其面临持续性危机的决定性因素。国际化的这种过程促使混乱——由日益分裂和两极分化的国际体制所引起的——内在化，同时促使国内冲突范围的扩大。对现代工业国家联合产生的威胁，不但表现在不断谋求区域国际组织的和不太一般的超国家的一体化努力上，而且也表现在不断试图加强国家意识、法律、行政和强制的程度上。但是，种族的、文化的、世代的和政治的冲突日益明显，而这种冲突又和国家对经济的承诺与国家经济完成之间不断扩大的缺口联系着，这就使人认为国家职能和权力的庄严外表可能隐藏着一种合成的难以管理的和虚弱的体制。

西方经济学家论市场机制之
缺陷与政府之对策*

——兼论通货膨胀及其治理措施

当代西方经济学家一般都承认，现实社会经济中市场机制往往失灵，难以使资源配置达到最佳状态。他们分析造成失灵的原因不外乎：垄断行为，公共产品和外部效应（影响）之存在干扰了市场机制不能发挥其优化资源配置的作用。针对这种情况，市场经济国家的政府必须采取有效之对策与措施，以弥补市场机制之缺陷，并为其充分发挥资源配置的作用，创造必备的经济条件与经济环境。

一

当代西方经济学家一般认为，完全竞争条件下的市场机制在社会经济中起资源配置的作用，促进社会经济的协调发展。所谓市场机制是指在没有人为干预的情况下市场供求双方力量的相互作用，它能使一般产品的市场供求大致维持着平衡，自发形成一种均衡价格和均衡产量。在市场机制的作用下，厂商生产的品种及其数量大致也是消费者所需要的。

任何国家即使是富国，资源也是有限的。它要发展生产，保证各种供给，就必须合理而有效地配置其有限的资源。资源有限，不能什么都生产。首先，决定生产最必需的东西，即决定生产什么。

* 本文原收录于陈彪如等主编的《外国经济学说与中国的经济改革和经济发展》，南京出版社 1996 年版。

例如，社会此时最需要粮食，供不应求，粮价上涨，这就刺激人们多生产粮食。当社会粮食供过于求时，粮价下跌。这又使一些人减少粮食生产。这里表现出市场机制决定着（粮食）生产。其次，资源有限也决定着生产有限性及其构成，即决定如何生产。这就是说，社会资源的有限性及其构成制约着人们对它们的需求，只得由价格机制把这些有限资源分配给最迫切的需求者。他们根据所购资源的种类及数量来决定自己的生产。这里表现出市场机制决定着人们如何生产。最后，资源有限决定着所生产产品和劳务的有限性。这就必须合理满足各方面的需求者，即决定如何分配。也就是说，资源数量有限及其构成又制约着产品的数量及其构成。价格机制的作用使那些需求强度大的产品价格上涨，于是一些人自动减少甚至放弃对它们的需求，这里表现出价格机制成为分配产品的主要手段。

西方经济学家把以上三个方面称作社会生产的三大决策问题。无论哪种社会制度的国家都必须以其适当方式就上述三个方面问题进行决策，开展生产活动。在市场经济中，生产决策是无数分散之个人进行的，而他们又都各自为政。这样，社会经济活动中势必要求有一种客观力量，以协调他们的行动，促进全社会生产决策的实现。在市场经济中，这种协调无数分散之个人经济行为的客观力量就是市场机制，尤其是价格机制。

总之，在完全竞争的经济环境中，价格体系及其机制使消费者和生产者追求各自的最大利益。从消费者角度看，市场机制保证了他们所购商品的边际效用等于他们付出的价格，即 $MU=P$；从生产者角度看，他们生产商品所付出的边际成本等于售出商品之价格，即 $MC=P$，这时可获得最大利润。西方经济学家认为，在完全竞争的情况下，以价格机制为核心的市场机制会自动地引导生产者和消费者的经济行为，促使生产者生产某种产品的产量既能趋近于消费者的现实需求量，又能达到其边际成本等于消费者支付的销售价格，即 MC＝P。这时市场自发地实现 MC＝P＝MU，生产者和消费者各得其所。对生产者来说，其销售一单位产品的价格等于其边际成本，即 P＝MC。这意味着其增加一单位产品所需投入资源的货币价值或其机会成本得到了实现。这表明生产者最有效率地使用了社会资源，又获得了最大利润。对消费者来说，其支付任何一单位产品的价格就是一单位该产品的货币价值，也就是一单位该产品给予他的边际效用，即 P＝MU 表明消费者最有效率地使用了自己的货币，又获得了最大的满足。在 MC＝P＝MU，生产者和消费者各得其所的情况下，经济社会自发形成一种供求平衡，社会资源和生产要素达到最有效率的配置。

二

西方经济学家关于市场机制的理想分析是有效率地配置社会资源和协调社会经济发展。但他们认为，当代社会经济生活中市场机制赖以发挥作用的经济环境已不是完全竞争，而是垄断与竞争并存。在此情况下，市场机制在其起资源配置作用的同时，也暴露出下述明显的主要缺陷。政府必须及时主动地采取一些相应的政策措施，以弥补其缺陷，促进其更好地起资源配置的作用。

市场机制的缺陷之一是，在存在垄断的环境中市场机制得不到正常的发挥，致使资源配置失衡，同时垄断行为对市场的影响力也在加强，社会财富亦随之集中。西方经济学家认为，在此情况下，为了使市场机制真正起到资源配置的积极作用，政府必须通过国会立法，制定一系列相关法规，规范市场行为，扫清市场机制中的种种障碍。就是说政府要适时地制定并实施反托拉斯法及相关经济法规，以强化对社会经济活动的管理和对垄断行为的监督，保护市场机制对资源配置的协调作用。西方国家政府一般都要求大企业遵守有关安全和健康等方面的法律及有关法令，并运用具体政策措施以规范它们的交易行为，限制它们的垄断行径。例如美国国会曾先后通过"联邦贸易委员会法"等五个反托拉斯法案，作为联邦政府反垄断行为的法律依据。

市场机制的缺陷之二是，其作用下的任何形式的社会经济都难以避免经济波动，失业与通胀不但无法根除，甚至有时出现失业与通胀并存的滞胀局面，严重破坏了社会经济的稳定与发展。因此，西方经济学家认为，政府必须积极主动地行使自己的经济职能，适时而灵活地采取多种有关经济政策，包括多种宏观、微观经济政策在内的有效系列政策，联合治理经济波动与滞胀，克服波动，消除滞胀，全面恢复经济。在恢复中求得经济逐步达到稳定，进而使经济协调发展。

当代西方经济学家对通货膨胀主要有以下论点：

(1)认为通货膨胀对经济的影响是客观存在的。一是对收入分配的影响（这里且不说平衡和预期的通货膨胀）。在通胀的情况下，物价日益上涨，通货不断贬值，放债者受损，借债者获益；固定工资者受损，雇主获益；持币者受损，持物者获益；等等。这种通货膨胀起着收入再分配的作用。二是对产量和就业的影响。这种影响的大小取决于物价上涨的程度，二者是成正比例的。高通货膨胀引起收入大幅度的再分配，这会引起社会各阶层的冲突，导致生产与就业的停滞与混乱，甚至进一步引发社会的不安与动乱。因此，西方经济学家一般都主张遏制通货膨胀。他们中有人甚至认为，遏制通胀最有效的办法是人为地制造一次经济衰退来降低通货膨胀率，主张实行若干经济政策，如保持高失业率、高利息率，紧缩货币供给等，以降低通货膨胀率。西方经济学家对运用何种方法去遏制通胀的论点虽不完全相同，但他们所说明的内容和实质是大致相同的。至于如何具体有效地降低通货膨胀率，他们认为这要分析通货膨胀的起因。起因不同，治理措施也不同。

(2)西方经济学家认为，导致通货膨胀的起因有很多因素，一般可分为两大方面因素：一是需求方面的冲击，由此而引起的通货膨胀被称为需求拉上的通货膨胀；二是供给方面的冲击，由此而引起的通货膨胀被称为成本推动的通货膨胀。这就是说，通货膨胀的起因不外乎总需求扩大和成本上升。市场经济条件下的市场机制本身不具备自行克服通胀的功能，客观上要求实行市场经济的国家必须围绕控制总需求扩大和成本上升而制定一些相应的政策，使上升的通货膨胀率势头降下来。

关于需求拉上的通货膨胀及其治理：当商品、劳务总需求增加时，而所能供应的商品、劳务量又不能满足这种需求，这必将引起物价上涨。投资、政府支出、减税、扩大货币供应量、降低税率甚至滥发钞票等这些行为都能刺激投资需求和消费需求，使总需求大大超过一国生产能力所能生产的供应量。于是代表需求的过多货币就追逐供应有限的商品，从而导致物价上涨。治理对策就是反其道而行之。政府实行紧缩的财政政策和货币政策，即减少投资、缩小政府支出、增税、控制货币发行、减少货币供应量、提高利率等。实行这些措施就劣化了投资环境，从而控制投资需求。同时，严格政府收入政策，由政府直接控制物价、工资、薪金、租金、利息和利润等收入，推行税收刺激政策，严把工资—物价等收入政策关，以减少群众手中的货币，从而控制消费需求。这样，政府双管齐下，通过控制两方面需求，进而控制总需求，遏制通胀。

关于成本推动的通货膨胀及其治理：所谓成本推动的通货膨胀，就是在资源尚未充分利用时因成本因素而推动的价格上涨。典型的成本推动形式，西方经济学家认为是工资推动、利润推动和商品推动三种。工资推动型的通货膨胀是强有力工会要求工资增长率超过劳动增长率而造成的，从而提高了单位产品的成本；利润推动型的通货膨胀是由于企业直接提高产品售价以增加利润（不是通过提高生产技术以降低成本而增加利润），从而带动其他产品价格的普遍上涨；商品推动型的通货膨胀是能源、原材料这类商品价格上涨使生产成本显著增加所引起的通货膨胀，如 20 世纪 70 年代石油价格剧增、原材料价格猛涨所引起的成本推动型的通货膨胀。西方经济学家认为，治理成本推动型的通货膨胀主要应采取以下政策措施：第一，严格实行工资——物价的管理政策防止它们螺旋式上升，保证经济稳定；第二，实施可行的人力政策，对失业人员进行多技能再培训，提供职位空缺信息，增加就业，防止结构性工资上涨而带动工资全面上涨，从而消除由工资上涨推动成本上升的通货膨胀；第三，强化市场法规，优化市场机制环境，促进市场竞争，阻止垄断势力高抬物价，引起通货膨胀。

以上介绍的是当代西方经济学家把通货膨胀的起因归结为需求拉上和成本推动这两种类型以及政府对它们的治理措施。但也有西方学者指出：在现实社会经济生活中，通货膨胀绝非只是这两种类型，非此即彼。实际上往往兼有混合型的通货膨胀。如某次通货膨胀可能首先起因于过度需求，继而物价上涨带动工资上涨。当货币工资增长幅度大于劳动生产率增长幅度时，这时成本推动就起作用。于是，这次通货膨胀中就兼有需求和供给两方面因素的作用。又如某次通货膨胀可能首先起因于工资上涨过快这一成本推动。假定此时社会处于充分就业状态，工资增长必使总需求不断扩大，于是需求拉上就加剧了这次通货膨胀，等等。政府治理这种混合型通货膨胀的措施就是多管齐下，凡能治理这两种通胀的一切措施都要加以并用，才能迅速有效地降低通货膨胀率。

市场机制的缺陷之三是，市场机制只能激励企业追求经济效益和实现利润，但却不能解决公共产品（尤其是纯粹的公共产品）的生产和分配问题。西方经济学家把社会经济分为两大部门：私人部门和公共部门。前者提供的产品乃私人物品（即一般商品），其产销活动直接接受市场机制调节（这里不详述）；后者（实乃政府部门）提供的产品乃公共物品，故称公共产品。它们是全社会所迫切需求的，不可须臾或缺也。公共产品的生产和分配活动是市场机制调节不了的，必须由政府通过国家预算进行投资以决定其生产和供给问题。例如为社会提供安全和健康保障的国防、环保、公共卫生、警察、消防等部门，必须由政府通过预算拨款直接组建和经营，私人企业部门对此是不会投资也不能经营的。因为公共产品的性质与一般产品不同，它们被提供给一个消费者享用之后，再增加多人享用，既不影响他人享用，也不会将它们耗尽。因此，这类公共产品增加一个使用者的边际成本等于零。在此情况下，公共产品资源配置的有效原则是免费向需求者们提供。而私人部门的经营原则是追求经济效益和实现利润，它们只能向付费者提供产品，不能无偿提供享用。这种情况表明，市场机制只能调节私人产品的产销活动，但对公共产品的生产与分配是不起调节作用的。许多公共产品都只能由政府的专营部门提供。如上所述，政府组建的国防、环保、公共卫生、警察、消防等部门直接向国民免费提供安全保护、环境保护、健康保护等，此乃纯粹的公共产品。政府组建好这些部门乃是履行自己的职能，责无旁贷。另外还有一些部门，虽非提供纯粹的公共产品，但亦具有公共产品的性质，使用者只需支付较低代价即可享用。诸如公园、自然景点、名胜古迹、桥梁等，人们只需购一张门票甚至免票就可以尽情地游览和享用。政府对提供公共产品的部门一般是通过税收或财政补贴予以资助与扶持，使其有所发展，以满足社会广大消费者的需求。

市场机制的缺陷之四是，不能有效地解决外在效应问题。它们直接关系国民祸福和社会发展，必须由政府动用多种经济手段，奖优罚劣，加以合理解决。在经济日益现代化和社会化的条件下，社会经济活动中一种交易行为除直接影响供求双方的利益外，还影响着与这种交易行为无关的第三者们的利益。这便产生所谓外在效应问题。具体说来，外在效应（或称外部影响）是指一个生产者或消费者的行为对交易以外的其他生产者或消费者带来利益或损害。这种情形广泛地存在于生产者之间、生产者与消费者之间以及消费者之间，可归结为外在正效应和外在负效应。前者是指好的效应，例如蜂蜜生产者和苹果生产者的生产状况除彼此直接相互促进外（即相互提供正效应），还影响蜂蜜市场和苹果市场的供求关系，使两个市场广大消费者获得丰富廉价产品而受益。后者是指坏的外在效应，例如钢铁厂和养鱼场相邻，除前者向后者排污放出负效应，毒害养鱼业，影响鱼产量外，还影响鱼产品市场的供求关系，使鲜鱼上市量减少，鱼价上涨，广大消费者受损。实际上，钢厂排污岂止养鱼业受损，钢厂四周居民、畜禽业及农业亦深受其害。这是尽人皆知的事实。

对于上述外在效应问题，市场机制是不能解决的，只能由政府通过经济手段加以合理解决。因为外在效应的存在，使以价格机制为基础的市场机制不能有效地配置资源。而外在效应又客观地存在于产品的社会成本之中，但没有进入厂商的生产成本之中。私人成本和社会成本之间存在着差异。厂商利用好的外在效应没有付钱，社会没有得到补偿；厂商生产活动引发坏的外在效应，也未赔偿，使社会受损。因此，只有政府才有权也有责任通过税收和财政补贴这类经济手段加以合理解决。对生产活动中引发出负外在效应的厂商实行征税或罚款，甚至令其停业，使其为此付出相应的社会成本，从而减少其不利的外在效应；对生产活动中引发正外在效应的厂商则进行补贴，奖励其继续向社会提供廉价产品和劳务，优化环境，造福社会。

市场机制的缺陷之五是，不能改善收入分配不平等和交易中的不道德行为。这些问题只有在政府的经济作用下才能获得较为合理的解决。政府通过征收累进所得税来缩小收入分配上的不平等；通过执法与管理，规范市场经济活动，制止交易中不道德行为。在市场经济下，人们收入分配不公和交易行为不道德，这是"司空见惯"的现象，市场机制本身是无法根除的，只有发挥政府的经济作用才能有力地加以克服。政府通过征收累进制的个人所得税方式来缩小收入分配上的差距与不公；通过出台一系列市场法规，规范市场行为，促进公平交易和平等竞争，抵制交易中的不道德行为，反对垄断。

综上所述，市场机制在起资源配置、协调社会经济发展作用的同时，还存在上述诸多缺陷。不论哪种形式的市场经济，其市场机制过程中都不可避免地存在上述情形。因此，任何类型的国家要实行市场经济，其政府都必然借助立法、行政、司法和多种经济手段管理市场经济，强化调控，实行宏观、微观综合管理，一则促进市场机制起到资源配置的积极作用，二则弥补其缺陷，限制其消极作用。这就是政府对市场机制缺陷采取对策措施的宗旨所在。

西方经济学一枝独秀

——凯恩斯世家与凯恩斯理论政策体系述评

我长期从事西方经济学的教学与研究，认为在资产阶级经济学家中，凯恩斯及其经济理论是值得介绍的。他是一位有作为的经济学家。这就是我想写这本小册思想的由来。为了介绍一个真实的凯恩斯及其成长环境与过程，我参阅了有关介绍凯恩斯主要经典著作：《从马克思到凯恩斯十大经济学家》（商务印书馆），《凯恩斯革命》（商务印书馆），《凯恩斯学说》（商务印书馆），《凯恩斯经济学》（台湾三民书局）。我兼收并蓄地汲取了这些著作中的理论观点，目的是为了介绍一个真实的凯恩斯及其世家的有关情况。我的这些用意一一体现在以下论述中。

早期各种经济理论译本，凯恩斯此名也译做凯因斯，全名即梅纳德·凯恩斯。他的一生可以概括为三个不平凡：生逢不平凡的时代；生长在一个不平凡的世家；建树自己的一个不平凡的经济理论政策体系。他的成长与受教育过程、进入社会与立足于政界、人际交往与事业有成与其父母的言传身教以及他们社会交往与个人成就诸多方面分不开的。他在理论上得以创新与事业上有所作为是与其生逢其时的时代社会经济发展形势分不开的。他的经济理论得以在西方经济学界达到顶峰并最终进驻官方经济学的宝座，是与其在理论与实践上的勇于突破与创新精神分不开的。他对其前辈的经济理论既有继承，更有突破和发展。他在继承并发展其前辈的微观经济理论之基础上，又创建了自己的宏观经济理论。他是把微观经济理论与宏观经济理论集于一身的一位经济学家。所以，他在资产阶级经济学家中是一个承上启下的不可或缺的有作为的伟大的资产阶级经济学家。

第一节　凯恩斯家族发祥地及其渊源

一、凯恩斯祖父母的生平家世

凯恩斯家庭的姓氏盖源于英国西部维尔镇（Vire）与贝叶镇（Baveux）之间的一个凯恩斯村落而得名。梅纳德·凯恩斯的祖父约翰·凯恩斯家族先辈曾在多塞特城居住较长时间，以后其祖辈才迁至索尔兹伯里市（也是个教区），并定居下来，且繁衍了几代人。他们好几代都以祖传的生产技术制造毛刷为生。到梅纳德·凯恩斯的祖父约翰·凯恩斯长大记事时，他的家庭已经经营一个颇具规模的高级毛刷制造厂。可见，约翰·凯恩斯出生于英国的一个典型的中产阶级家庭。他继承父业：一方面继续经营祖传的高级毛刷制造业，认认真真做自己的生意；另一方面又积极参与索尔兹伯里这个老教区的地方事务管理。若干年后，他喜欢上花卉种植业，并对此产生浓厚的兴趣，于是他将毛刷制造厂交其弟经营管理，而他自己则潜心钻研花卉培植技术，成为当时这一行业的开创人。其时他培育出许多花卉新品种，并多次举办百花争艳、引人入胜的花卉展览。此后，他还培育出许多珍贵花卉品种，诸如牡丹、玫瑰等。他每年把这些花卉珍品运往英国西部，卖给那里的富裕人家。不但获取丰厚的经济收入，而且还传播他的花卉栽培技术和经营致富理念。当时英国西部正在铺设铁路，需要征收大量土地。他又不失时机地做起土地投机买卖，赚了很多钱。但他并不吝啬。他为人热情好客，乐善好施。就是这样，他在这一地区的社会影响和经济势力越来越大。后来竟当上索尔兹伯里市为期一年的市长。他卸任不久即与世长辞了。他的这一切活动表明他不仅把祖业继承下来，而且发扬光大，使其家族的经济和社会地位大大提高。总之，约翰·凯恩斯家业的兴起与事业的成功，固然主要决定于其自身精明能干、锐意进取与善于经营这些个人素质，但与其妻子安娜·尼维尔全力佐助也是分不开的。

安娜·尼维尔乃是埃塞克斯郡里富有的埃塞克斯家族中的大家闺秀。家族良好的熏陶和教育塑造出她善良的素质和贤惠的妇道。作为妻子，她同约翰·凯恩斯结婚后全身心地扑在家庭和事业上。1852 年她在索尔兹伯里生下凯恩斯的父亲约·尼·凯恩斯（John Neville Keynes 1852 －1949 年）。从此，她既是妻子又是母亲，相夫教子，可称得上是贤妻良母。她不但帮助丈夫做生意，疏通人际关系，巩固丈夫的社会地位；而且全力以赴地培养和教育儿子（凯恩斯的父亲）。同时，她还遍访名师求教如何教子之道。她采纳了当地著名学者亨利·福塞特教授的建议，把儿子约·尼·凯恩斯送到剑桥大学学习与深造。

二、凯恩斯父母的生平家世

约·尼·凯恩斯之所以能顺利进入英国名牌大学是与其母亲的引导和帮助分不开的。他先后受教于伦敦大学和剑桥大学。他于1875 年在剑桥大学文学院毕业，是马歇尔早期的学生。1876 年他受命到剑桥大学彭布罗克学院任职。1885 年，他由马歇尔推荐到牛津大学任教，不久他又重返剑桥大学担任伦理学专职讲师。1891年，他同时获得剑桥大学文学硕士和理学博士学位。1892 年被选为元老院院士，翌年被委任为该院行政秘书。1910 年，他出任剑桥大学学生科注册管理员，直到1925 年退休。他的一生基本上是在剑桥大学度过的。他的主要著作有：《形式逻辑的研究和运用》（1884年）、《政治经济学的范畴和方法》（1891 年）。约·尼·凯恩斯先是马歇尔的早期学生，后来又成为马歇尔的至交，与马歇尔的关系甚密，成为马歇尔的经济学说思想的虔诚拥护者，所以他受马歇尔的经济思想影响较深。尽管他的逻辑学理论功底较深，表述准确、清晰、论证力强，而且他的逻辑学著作长期被作为教科书使用，但是他的学术主要成就则在经济学的方法论方面。这是由于他接受了马歇尔的经济学方法论思想。他把经济学方法论表述得明晰易懂、条理分明，易于为当时各种流派新老经济学家所接受，结束了长期围绕经济学方法论所展开的各种思维偏见之争。从此，西方经济学界原先几代人关于经济学方法论观点之争就为约·尼·凯恩斯的经济学方法论所取代。他为西方经济学方法的统一作出了贡献。

1882 年，约·尼·凯恩斯在剑桥大学当研究员期间与同年在剑桥大学女子学院毕业生弗洛伦斯·布朗小姐结婚。她就是凯恩斯的母亲。她与凯恩斯的父亲约·尼·凯恩斯结婚后的第二年就有了梅纳德·凯恩斯。但她不满足于当个贤妻良母，她自幼时起就立志于将要做一番事业。这点她确实做到了。她在相夫教子之余，挤出时间参加社会公益事务：一方面相夫教子，另一方面她热衷于剑桥大学和地方的公益事业。她弃学从政，学业上没有什么建树，但在从政方面确实创造了辉煌。她作为约·尼·凯恩斯夫人在剑桥当过治安推事（相当于治安主任）、市参议员，最后竟当上了市长。梅纳德·凯恩斯母亲的家世与父亲的家世相似，都是典型的英国文职世家。外祖父约翰·布朗是一位神学博士（他的神学博士称号是耶鲁大学赠予的）。他的职业除了担任专职传教士之外，在贝德福镇的布尼安教堂当过整整三十年的牧师，还担任过该地方公理教会联合会的主席。约翰·布朗博士生前是一位著名的传教士兼历史学家。他的著述不多，写过两本关于清教徒运动和 1620 年移民去美洲的清教徒运动的书。此外，他于 1885 年所写的自传也公开出版了。其中描述布尼安教堂却是相当精彩的，是当时研究布尼安人文社会不可或缺的权威性著作。约翰·布朗家族的原籍可以追溯到苏格兰，甚至更早一点还可以追溯到其先人艾格尼斯·布朗所住过的村庄。

追溯这两个家族的祖辈和父辈生平家业，按当时人的一般说法，无非是要说明正是这两个家族的渊源与其血统才诞生了像凯恩斯这样的天赋和天才学子。

第二节　凯恩斯早年的家庭与学校教育

梅纳德·凯恩斯于 1883 年 6 月 5 日出生于剑桥城哈维路 6 号。这是一所高大的哥德式建筑。它坐落在剑桥大学通向芬纳板球场的大道（顺便说一下，英国许多知名学者都曾在这条大道居住过）上。室内摆设仍然保留着他父母结婚及其后来他们生活的老样子。他是老大，后来他的母亲又生下一弟一妹。他们儿童时期充分享受着这个家庭所提供的一切有利条件。可以说，凯恩斯他们自小就生活和学习在这样一个典型的剑桥式家庭。

他们有幸出生在这个既有学者又有文官的家庭，同时又在温馨的家庭氛围熏陶下健康成长。家族的社会地位与家庭条件为他们成长与成才铺平了道路。所以，后来他们的学业与事业都能各有所成。弟弟杰弗里后来成为知名的外科医生，兼图书收藏家和文学编辑。妹妹玛格丽特也是个有名的社会工作者和养老院事业的创办人。而作为长兄的凯恩斯在才学与事业上更达到了辉煌的地步。当然到达光辉的顶峰是始于足下的。由于他在学前阶段就受到家庭氛围的熏陶和父母的言传身教，他的学前教育与思维能力获得超常发展。

凯恩斯 8 岁进入剑桥的圣·费思小学读一年级，不久他的知识水平和思维能力就大大超过同班其他同学。从此，他开始崭露头角。各门功课成绩不但在全班首屈一指，就是在全校也是最优秀的。尤其是他的数学成绩十分突出。1896 年他以优异的成绩在圣·

费思小学毕业并顺利考入当地有名的伊顿公学。

凯恩斯在这所公学所获得的全面发展更是令老师和同学们惊奇、敬佩。客观地说，他在小学与中学阶段在学业上之所以获得全面而又扎实地发展，主要是来自两方面的积极因素所使然的：一是家庭浓厚的学习氛围与父母亲自辅导督学，使其从小就养成自觉的自学能力与习惯；二是伊顿公学不仅给了他扎实的基础知识，而且给了他追求知识的信心和力量。正是伊顿公学良师谆谆善教与学生勤奋好学的这种学习氛围中，使他得以无拘无束地多方面发展。1897 年凯恩斯因为成绩优异而获得伊顿公学颁发的奖学金。此后，伊顿公学所设置的各种数学奖金几乎他都获得过。正因为如此，于 1902 年他被免试保送进入纽卡斯尔学院。不久他又考入剑桥大学皇家学院。该院根据他在伊顿公学获得奖学金的档案核准发给他皇家学院的公开奖金。

第三节 剑桥大学皇家学院造就了凯恩斯

一、剑桥大学造就了凯恩斯全面发展和事业成功

剑桥大学皇家学院是造就人才的摇篮，也成了凯恩斯个性化发展及其事业成就的发源地。从此，他便与剑桥大学不可分割地联系在一起了。凯恩斯在中学阶段，不但在学习方面出类拔萃，而且他对学校各项公益活动也非常热衷和投入。在伊顿公学他就已经成为师生公认的学习尖子与活动积极分子。他被选进伊顿公学联谊会辩论俱乐部兼职，这使每个伊顿学生都十分羡慕，而他本人更是兴奋异常。正如他当时的导师格尼·卢伯克所说："优秀的成绩和奖励似乎都不能冲淡他接受荣誉时的那种谦虚和豁达的精神。""他似乎有魄力对各种事物都发生兴趣，然而又似乎对各种事物都不是浅尝辄止。"可见，凯恩斯在中学时期就小有名气。而当他到剑桥大学

时已经享有相当才学之名了。凯恩斯不但学术超常发展，造诣很深；而且通过各种学术与社会活动，得到了锻炼，增长了才干，为其胜任政府部门工作奠定了基础。

古话说得好，名师出高徒。剑桥大学造就了一代又一代的名师，也培育出一代又一代的有才华的年青学子。真是一代又比一代强。老一代名师中有：曾任皇家学院院长的詹姆斯（Montagae Rhodes James）、当任院长兼凯恩斯导师的麦考利（W·H·Macaulay）、伦理学教授索利（W·R·Sorley）和逻辑学家约翰逊（W·E·Johnson）。年青一代也不乏名师，如：迪金森（Goldsworthy Lowes Dickinson）、克拉潘（J·H·Clapham）、庇古（A·C·Pigou）、登特（E·J·Dent）等。在这些大师的培育下，英才学子辈出，出现了以凯恩斯为首的一批年青学子。除凯恩斯外，还有谢泼德（J·T·Sheppard）、哈罗德（Harold Temperley）、奥利夫（Oliffe Richmond）、威尔（Will Spens）等。他们经常相互探讨学科前沿与求知之道。在他们辩论式的学习活动中，一批年青的研究员被吸引并最终参加到其中来了，如：迪金森（见上）等也参加他们的学习讨论，对他们尤其是对凯恩斯的影响很大。从此，不但研究员、教师寓教于学生辩论之中，而且教师与学生之间的关系更加密切了。这种教学方式调动了两个积极性，把教师与学生的积极性都调动起来了，有利于培养人才。这种剑桥教风与学风令人十分满意，有口皆碑。

青年时期的凯恩斯是很用功的，但他并不是埋头苦读，两耳不闻天下事的。他很关心校内外公益活动与世界大事。每逢校内学术讨论会和公益活动，他必参加。他的主要兴趣还在政治方面，尤其是对政府政策问题特别感兴趣。剑桥大学学生会不时举办时政问题辩论会，他经常力排众议，使辩论会沿着自己的思路发展，并最终成为优胜的辩方。因此，这种活动不仅使他闻名于校内外，而且对他一生政治抱负的形成起着推动与定型的作用。1905 年他赢得了剑桥大学学生会会长的职位，从此他的声望与时俱进，并开始了他的政治生涯。何以见得呢？大家知道，凯恩斯就其学习兴趣与所长来说是数学，但他并没有走上纯数学学术道路，而是用其数理功底来设计各种经济分析方法（或称模型）。他从政府的角度去研究和解决当前社会的诸多实际问题。可见他是一位名副其实的政治经济学家，既重视理论继承，更勇于创新；既勤于实践，更重视通过实践检验和发展理论。他的这种治学宗旨决定了他一生的人生征途。

二、凯恩斯进入文官体系并任职印度事务部

凯恩斯所处的时代，正值英国社会崇尚人文科学学位的称号。因此，凯恩斯受教于剑桥大学的同时，便积极自学有关应试科目，准备参加人文科学荣誉学位的考试。经济学是这一考试的主要科目之一。当时在剑桥大学任教的福克斯威尔（Foxwellt）和杰文斯（Jevons）都曾是凯恩斯当时这一考试的主考官。他们都通过了他的考试。这也就决定了他其后在经济学领域得以施展才智的机遇。他本人对此充满自信，并不时显示他这方面的才识。正如当时批阅凯恩斯试卷的马歇尔教授以预感的心情在试卷上写下这样的批语："这是很有说服力的答案，深信你今后的发展前途，决不会仅止于一个经济学家而已。如果你能成为那样一个经济学者，我深感欣慰。"

凯恩斯在文官考试中名列第二等，通过了文官考试，进入文官体系之后，他对自己的前程充满信心。当时对进入文官体系的人来说有两种选择：一是留在财政部工作；二是到印度事务部工作。因为他的文官考试成绩是第二等，所以他只能到印度事务部工作。他在那里工作不满两年。虽然，他的学术理论研究没有什么进展，但是他却获得丰富而又宝贵的实际工作经验和实践知识，掌握政府机构如何运作的有关知识与经验，学会从学者与政府官员的两种角度看待并处理社会经济问题：政府官员必须根据具体情况适时作出决

策，学者必须研究这些决策所依据的原理并反馈给前者。在此期间，他还对印度的货币和金融很感兴趣，并进行了相当深入的研究。他在印度事务部近两年的工作中，不仅学会把所学的经济学理论用以指导经济工作，而且还能将实际工作加以总结和提出问题。总之，他这两年得到了很大的锻炼和提高，既掌握一定的工作经验，又提高了理论认识水平。1908 年 7 月，他离开印度事务部回到剑桥大学当研究员，整个暑假他都用来撰写研究员论文。他的论文既有理论，又有实践经验，写得很成功。后来，研究员评选委员会热烈讨论并顺利通过了他的论文答辩。从此，他在剑桥大学和皇家学院的地位日益巩固，声望日益提高。

第四节　凯恩斯的理论研究与治学方式

一、凯恩斯的治学方式

凯恩斯的理论研究立足于剑桥，但又经常走出国门到欧洲诸国学习取经。凯恩斯进入剑桥圈子以后，他一方面以剑桥大学和皇家学院作为自己理论研究和经验总结的基地，另一方面还经常以旅游方式到欧洲各国文化胜地拜师访友，广交文官与社会贤达，向他们学习请教，以提高自己的理论水平；并在所到之处，考查所在国的国情民意，政策实施与经济发展状况，总结经验，以便回国服务时予以借鉴。取人之长，补己之短。1915 年以前，他主要在剑桥大学从事研究与教学。但是他还利用假期到意大利和希腊、埃及等国旅游之机，就地进行考察。他每次出游，还邀请志同道合者同行。他们每游到一地，一方面欣赏异国风景名胜古迹；另一方面又领略那里风土人情，民众对其政府政策的满意度。

与其说凯恩斯是出国旅游，倒不如说他是出国游学与考察。他不但学习外国当时先进的理论学说，也学习他们的历史与文化，尤其是考察他们的经济政策与生产发展的关系并进行比较研究。实际上他是想把理论研究与社会考察相结合的这种学习方式应用于外国经济实际。此前，他广游国内时已经运用这种学习方法了，现在是把它带到更大的多国范围内来应用，使其学到的理论更丰富、更全面，取得的实践经验更具有广泛适用性。其目的是借旅游之机取经，为其即将进行的理论创新和策划新经济政策的出台作理论上的准备。这预示着他在理论创新和经济政策上将有一番大的作为。

凯恩斯向先哲们学习和择师交友不分国界，目的是向他们学习请教经济理论、经济政策与经济实践诸多方面的问题。在他学习请教的先哲中不仅有英国的，更多的是欧洲诸国的；他师承的老师中不仅有本国经济学界的泰斗，也有享誉国际经济学界的名流；他交的朋友中不仅有师兄师弟，也有忘年之交的学者与奋发向上的年青人。他向他们学习一切有实际效用的理论知识与实践经验。他兼收并蓄，是集他们的思想理论之大成者。但他从不惟命是从，即使对其恩师也不例外。众所周知，马歇尔是其理论的奠基人。他师承马歇尔学习其微观经济学理论，并将其融于自己的经济理论中，使之成为自己理论体系的一部分。所以要考察凯恩斯经济思想理论的形成，必须追溯到凯恩斯与国内外先哲们和良师益友们之间在思想、理论和方法诸多方面的发展脉络。但是，他并不满足于继承，更多的是摒弃与创新。对其中不科学的东西不论其是权威者还是恩师之作，他都大胆摒弃之，而以自己的能促进社会经济发展的创新理论去取代它们。

二、凯恩斯认同早期先哲们的某些经济学思想

凯恩斯在考察西欧诸国时发现各国都曾先后出现过重商主义。他指出，英、法、德、意重商主义的形式、见解和表述虽然不尽相同，但它们的重要观点则是一致的，即财富就是货币，货币就是金银；财富产生于流通领域的商业，产生于对外贸易；要保证财富源源不断地增长，国家必须绝对控制经济，干预经济生活。凯恩斯对

重商主义上述基本点都曾或明或暗地认可过，只是他通过自己的语言来表述罢了。因此，重商主义的基本经济思想及其理论自然就成为凯恩斯理论的思想渊源。事实也是如此。凯恩斯关于商业与贸易增收理论、对外贸易顺差理论、货币与利率理论、国家干预理论等，或者说凯恩斯的《就业利息和货币通论》（以下简称《通论》）中的某些主要观点，都能从重商主义那里找到理论渊源。

18 世纪初，一位由荷兰移民到英国的医生孟德维尔写了题为《蜜蜂寓言》的长诗，这里用一种借喻的手法以讽刺当时英国社会一些经济现象。诗云：有一窝蜜蜂，起初个个贪婪自私，追求繁荣以满足挥霍无度的奢侈生活，并藉以炫耀自己的富贵荣华。结果个个有事干，社会经济生活也富足。但世俗对此予以鄙弃。于是，这窝蜜蜂改变初衷，放弃奢侈生活，崇尚俭朴节约。结果整个社会消费顿减。凯恩斯借用《蜜蜂寓言》这个故事来为其消费不足导致失业、鼓励消费便增进就业、提倡奢侈就能为促进经济繁荣的论点作注脚。这也就成为其后来消费倾向理论的思想渊源。

凯恩斯在其《通论》等早期著作中对马尔萨斯的有效需求不足学说倍加推崇，并融合于自己的经济思想中。这就成为他本人后来的"有效需求不足"理论的基本观点。马尔萨斯的有效需求不足的含义是：资本主义生产大肆扩张，供给也随之大肆扩张。不过，需求增长相对于供给增长就显得缓慢。马尔萨斯在讨论财富的增长时论证当时社会有效需求不足。他分析说：生产能力的扩大受制于资本积累、土地肥力、技术发明等。但是，他认为在资本主义社会中资本积累和机器发明往往使社会生产能力增长很快，从而使社会生产和商品供给也发展很快；而有效需求则受制于社会消费。因为社会缺乏消费热情，表现在"有效需求不足"。马尔萨斯指出，这是相对于生产无限扩张、供给迅速增长而言的。西方学者认为凯恩斯的"有效需求不足"的含义与前者是对应的，大致相似。当然，大致相似，并不意味着完全一致。马尔萨斯的有效需求不足归因于全社会缺乏消费热情，并认为真正能消费的人应是地主、僧侣、官吏这些阶层。不过他们人数太少，还缺乏消费积极性。故凯恩斯认为：解决此问题的出路就是政府应制定有利于这些阶层人数增长并能刺激他们消费的积极性政策，使他们减少积累。必须指出，除了马尔萨斯的"有效需求不足"理论影响着凯恩斯的有效需求原理外，还有霍布森的关于消费限制生产的理论对凯恩斯的有效需求原理也有着一定的影响。这里引述马尔萨斯和霍布森的相关理论只是说明它们对凯恩斯有效需求原理的形成有着一定的影响。但是前者决不等于后者。关于凯恩斯的有效需求原理还将在后面作专章论述。

第五节　凯恩斯对马歇尔经济学思想的继承与发展

一、凯恩斯继承了马歇尔经济学理论

上面从古代的主要思想渊源方面对凯恩斯的有效需求原理框架的形成作出了追本求源的探索与介绍；现在再从理论方面分析马歇尔对凯恩斯就业理论形成的影响。但是必须指出，马歇尔的经济理论对凯恩斯的就业理论的影响较为复杂：既有凯恩斯继承的一面，更有凯恩斯扬弃的一面。在继承方面，马歇尔的一些基本理论实际上由凯恩斯继承了，但表述及表现形式比较隐晦，让人觉得他的就业一般理论特别新颖奥秘，仿佛这是他的独创之说。其实，在凯恩斯的新经济学中仍然存在着马歇尔的传统经济学脉络。在扬弃与发展、背离与继承方面，其过程更为隐蔽与复杂：在背离扬弃中又有继承；在继承中又伴随着发展。为了叙述上的方便，这里只好在讲继承与发展的同时，又指出凯恩斯扬弃与背离的事例。正因为如此，凯恩斯就把西方经济学理论发展到一个崭新的阶段。

凯恩斯之所以能成为西方经济学界的一代大师，归因于他师承

马歇尔，得力于恩师马歇尔的谆谆教诲和他本人的潜心研学。马歇尔经济学中基本理论有：生产理论、消费理论、流通理论、分配理论等。凯恩斯在其《通论》中对马歇尔的生产理论、价值理论和分配理论采取了基本继承的态度。不过，其表述有时比较含蓄，有时又比较明显。一般来说，传统经济学理论尤其是萨伊定律理论都确认资本主义自由放任经济的完善性和协调性，市场经济能够自动调节生产与需求，促进充分就业，即供求自动趋于均衡，否认"有效需求不足"及由此引起均衡经济之危机。凯恩斯则旗帜鲜明地否认资本主义市场经济机制的完善性，认为它不能自动调节经济从而导致充分就业均衡；而必须依靠政府干预，使其成为"可调节的资本主义"经济，以达到并保持充分就业均衡，消除经济危机与失业。马歇尔对凯恩斯的上述观点似乎觉得有理，动摇了他原先对萨伊关于市场经济会自动调节生产与需求理论的认同（不过态度不明朗）。这样他们师生二人在上述问题上就达到基本共识。他们的共同目标都是致力于有效需求充足，保证充分就业均衡，消除经济危机和失业。正因为如此，这就成为凯恩斯潜心学习老师马歇尔经济学理论的内在动力，并潜心把它们学到手，加以继承并运用到经济实践中。

　　凯恩斯对前人经济理论的态度是比较认真的。他通过经济实践活动去检验先哲们尤其是恩师马歇尔经济理论的可行性。通过鉴定与比较，凯恩斯分为三种情况加以区别对待：有些对当前经济运行仍有指导作用的，他则明显继承（但继承中有新意有充实）并加以运用；有些对当前经济运行针对性不强或牵强附会显得软弱无力的，他则取其精华、去其糟粕，予以创新和发展；有些对当前经济运行显得明显过时乃至错误的，他则坚决抛弃之，并代之以符合经济运行要求的新理论和新学说。具体论述将在凯恩斯基本理论中详加论述，这里暂不涉及。

二、凯恩斯发展了马歇尔经济学理论

凯恩斯是马歇尔的得意门生，受传统经济学说尤其马歇尔经济学说的熏陶极深。要摆脱其影响实非易事。正如他在《通论》"原序"中公开承认："本书之作，对于作者是个长时期的挣扎，以求摆脱传统的想法与说法。"然而，他究竟摆脱了马歇尔的哪些经济学说的影响呢？摆脱的程度又如何呢？

马歇尔接受了萨伊定律的核心：认为自由放任的资本主义经济通过市场机制的自发调节，能自动促使市场流通中供给与需求趋于平衡，不会出现"有效需求不足"的情况。而凯恩斯则从业已存在的生产过剩经济危机的事实出发，提出了"有效需求不足论"并以此代替前者。这可算作旗帜鲜明的背离或扬弃。他认为，"有效需求不足"就是资本主义经济中存在失业和危机的症结所在。因此，凯恩斯建立起"有效需求不足论"并以此作为自己经济理论体系的基本前提。他还要以此作为中心课题进行深入研究，以便为自己理论体系的建立提供可靠的理论依据。

凯恩斯的背离并不彻底。为什么呢？凯恩斯并没有从根本上改变恩师关于资本主义市场机制促成供求均衡立论的依据，只是把自由放任促成供求均衡的方式，改为由政府干预来促成均衡的方式，仅此而已。因为，这一方式的改变并没有根本否定由马歇尔认同并奉行的萨伊定律如下的基本内容：关于资本主义自由放任经济的协调与完善；关于市场机制能够自动调节供求均衡和充分就业均衡；关于否定有效需求不足和生产过剩的经济危机等。而凯恩斯则认为，资本主义市场机制本身不能自动调节和导致供求均衡与充分就业均衡，必须通过政府干预把"自由放任资本主义"变为"可调节的资本主义"之后，才能达到并保持供求均衡和充分就业均衡，消除生产过剩的经济危机。这样谋求"有效需求充足"就成为马歇尔与凯恩斯共同的战略目标。所不同的是，马歇尔认为资本主义自由放任的市场机制作用就能造成供求充足和充分就业；而凯恩斯则认为，通过政府干预的市场机制才可以形成"有效需求充足"。这是一种既有背离又有继承的关系，不过这是一种隐蔽的继承关系。

第六节　凯恩斯精心创建自己的经济学理论体系(上)

一、凯恩斯兼收传统经济学理论为自己理论体系奠基

凯恩斯自做学生时起就爱读书，尤其对数学、社会经济这类书兴趣更浓。他博览传统经济名著，取其中之精华奠定自己的理论基础。对其中不符合当前经济现实的东西坚决予以纠正；对明显阻碍当前现实经济发展的东西坚决予以抛弃，而以自己的新学说代替之。他在继承的基础上加上自己发展和创新之说，汇成一个逻辑有序的理论整体，使其不仅符合社会经济发展的内在规律，而且使其每个相应部分都能说明当时社会经济兴衰之原因及其对未来经济发展前景之预测。凯恩斯为了使自己的经济论断具有较强的说服力，他创造了一系列有针对性的数学模型，以便在对每个社会经济问题进行论证之后都辅以其相应的数学模型，佐证其论断的正确性。

凯恩斯的新经济理论一发表就立即受到社会的广泛重视与欢迎。同时，在其新经济理论的指引下，他所在国家的社会经济也从困难中慢慢走了出来，欣欣向荣，获得了长时间的巨大发展。这样一来，他名声大振，他的经济理论也誉满西方世界。他本人被西方誉为世界十大经济学家之一。他的新经济学理论也随之登上世界经济学殿堂的宝座。凯恩斯写的《通论》可以说是其经济理论体系（主要是就业理论、投资理论、货币理论和危机理论）的集锦与结合体。

二、凯恩斯的就业理论

凯恩斯说，他写《通论》的最终目的就是要解决失业问题，是

要发现何者决定就业量，并找到解决就业之途径。这说明他的就业理论在其理论体系中占有极重要的位置。他认为就业问题不仅关系到经济发展，而且关系到社会稳定与政权巩固。凯恩斯的就业理论是建立在其"有效需求不足"理论、三个基本心理规律理论和小于"充分就业"的均衡理论的基础之上的。凯恩斯的就业理论与其前辈的传统经济学理论是不相同的。传统经济学理论奉行萨伊定律，即所谓"供给自行创造需求"说。这种理论是从两个方面来说明问题的：一方面认为，社会总供给和总需求始终一致，不会发生需求不足，即产品销路不成问题。因为产品销路没有问题，故资本家在利益驱动下就必然扩大生产。只要资本家扩大生产就要增雇工人，社会就能实现充分就业；另一方面又认为，只要工人所要求的实际工资不超过劳动的边际生产力（即或最后增加一个单位劳动所增加的产量），则资本家增雇工人扩大生产就可获得利润。由于资本家增雇工人，工人也就得到就业机会，社会就能实现充分就业。如果此时仍有一部分人失业，那便是所谓摩擦性的失业和自愿失业。所以，在传统就业理论看来，工人大量失业不是资本主义制度造成的，而是工人自身造成的。凯恩斯否定传统经济学关于"供给自行创造需求"的理论。他认为，在资本主义社会有效需求不足导致生产过剩的经济危机和工人失业，这是不争的事实。他指出社会有效需求（量）决定就业（量）。

凯恩斯不同意上述供给自行创造需求的观点，他认为，在资本主义社会大批工人失业，这是客观事实。至于用摩擦性失业和自愿失业理论来解释，他认为也无济于事。因为，工人愿意接受较低工资而仍然找不到工作。他明确指出，这种传统失业理论已经不能解释资本主义社会存在大量失业的现实情况，必须加以修改；否则，必然引起广大工人为摆脱自身贫困而进行坚决的罢工斗争。这将导致工人革命。因此，凯恩斯以《就业利息和货币通论》作为书名出版，旨在研究失业的原因及解救之对策。凯恩斯在该书中指出，失业的反面就是就业。就业水平的高低同下述三个总量，即就业总量、生产总量与国民收入总量直接相关。而且这三个变量之间储存与替代关系密切，可以互换。所以，凯恩斯在这本书中着力于对经济波动原因的研究。也就是说，他要研究何者影响了社会总就业量、总生产量和国民收入总量的波动，即要研究社会经济为何由繁荣高涨又转向萧条低谷；经济繁荣时期，失业自然减少；经济萧条时期失业必然增加，通过研究以求得答案与对策。所以，凯恩斯循此思路研究，是希望在经济社会中找到决定社会就业量及其波动的关键因素并从理论上加以说明与论证，从而帮助政府寻求到有效的解救对策。通过理论研究，凯恩斯得出结论说：失业是由于社会有效需求不足，尤其是投资需求不足引起的。凯恩斯认为，投资的小额变动就会在就业上引起巨大的变动。他说："当投资数量变动时却能使总就业量与总所得之变动程度，远远超过投资本身之变动程度。"按照凯恩斯的说法，投资增长必然使社会生产迅速发展，从而使收入和就业便可以增加了又增加，一直达到充分就业。

三、凯恩斯的投资理论

凯恩斯通过对就业理论的深层次研究，认为决定就业的关键因素是投资。投资量的多少决定了就业量的多少。他推导并解释说，社会投资量增加就必定使企业数量随之增加，这就推动企业第一轮增雇工人。所以引起工人就业量增加的直接原因是投资。故此，他把投资理论放在他的《通论》中的主导位置。而投资量的多寡又受当时社会现实的投资引诱因素所驱使。所以投资理论在凯恩斯的理论叙述中往往又写成投资引诱理论。凯恩斯指出："当前投资量则又决定于投资引诱，投资引诱则又决定于两组势力之相互关系：第一组为资本之边际效率表，第二组则为各种期限不同、风险不同的贷款利率。"凯恩斯的这一段话是什么意思呢？为了把问题说得更明白一些，我们不妨举一例，加以解释。例如，某个资本家欲以1

万元添置新机器来增加生产。他预期从增加的收入中可以获得利润1000元。如果当时市场利息率为4％，他向别人借入1万元资本，得付出年利息400元，而自己则获得净利600元。在这种情况下，他就决定投资。凯恩斯说，这就是投资引诱的结果。反之，如果利息率提高，而资本的边际效率（即预期的利润率）降低，这个资本家就不会投资了。凯恩斯说这种情况的产生是无投资引诱的结果。也就是说无利可图，资本家就不肯借入资本以增加生产。这就是说，资本家决定投资与否以及投资多少，就看他的投资能否给他带来利润和利润多少。而投资能否得到利润和利润多少取决于两个因素：一是资本的边际效率；二是利息率。资本的边际效率越高，资本家就越肯投资。利息率越高，资本家就越少投资。反之，利息率越低，资本家就越肯投资。因此，只有利润率大于利息率时，资本家才肯投资；利润率小于利息率时，资本家不会投资。可见，在凯恩斯看来，资本的边际效率和利息率乃是决定投资的因素。

关于资本的边际效率，凯恩斯解释说："从一种资本资产之未来收益与其供给价格之关系，可得该类资本资产之边际效率。说得更精确些，我之所谓资本之边际效率，乃等于一贴现率，用此贴现率将该资本资产之未来收益折为现值，则该现值恰等于该资本资产之供给价格。"按照凯恩斯的这个定义，就是把一项资本资产在其寿命期内的各年收入，按某一折现率折为现值后，正好等于这项资本资产的供给价格。这一折现率就是该项资本资产的边际效率。例如，某项资本资产的使用期为10年，预期收益为1万元，把它在这10年中的预期利益1万元按每年10％折成现值，这个现值就等于该项资本资产的供给价格。现在运用公式进行折算，本例中该项资本

$$资产的（现值）供给价格 = \frac{10000}{(1+\frac{10}{100})^{10}} = \frac{10000}{(1.10)^{10}} = \frac{10000}{2.594} = 3855。$$

所谓资本的边际效率，就是其增产一个单位预期获得之最高报酬超过其成本率，即追回投资所预期的利润率。正是这个预期的利润率

才是决定投资的重要因素。

关于利息和利息率，凯恩斯的解释是："所谓利息，乃是在一特定时期内，放弃周转灵活性之报酬。该利率只是一个比例，其分母为一特定量货币，其分子乃在一特定时期中放弃对此货币之控制权，换取债票，能够得到的报酬。"何者决定利率呢？首先，利率是受所谓消费倾向决定的。凯恩斯指出："设其他情况不变，则消费支出与利率变动之方向相反。换句话说，利率增加时，消费会显著减少"；其次，利率是受所谓灵活偏好决定的。所谓灵活偏好是指人们的心理都偏好流动性，为了周转灵活人们喜欢保存现金。理由有三：(1)交易动机；(2)谨慎动机；(3)投资动机。要他放弃流动偏好，把现金贷给别人，必须得到别人支付的利息，以弥补他因放弃流动偏好而遭致的损失。故凯恩斯认为利息是放弃流动偏好之报酬。他指出："利率则一部分定于灵活偏好状态，一部分乃定于货币数量"(此问题到后面还要详细说明)。凯恩斯的上述论点在于说明：资本家投资主要取决于资本的边际效率扣除利息率以后的预期纯利润率。资本边际效率越高，市场利息率越低，则资本家投资越有利可图。可见，利息率是决定投资的另一重要因素。但是同时，凯恩斯又强调指出："我们不能把决定当前投资量之职责放在私人手中。"应该由国家负起投资之责，而国家投资则起到"药到病除"的作用。凯恩斯认为，投资的小额变动会在就业上引起巨大的变动。

凯恩斯把投资所以能起到这种巨大作用的理论称之为"投资乘数"或"投资倍数"原理。按照凯恩斯的说法，投资能刺激消费的增长，这又推动消费品生产的增加，从而引起消费品生产部门收入的增加，而这又可引起消费需求的再度扩大。社会消费需求的扩大必然引起消费品生产部门对生产资料需求的增加，从而推动生产资料部门进一步扩大生产。这样，消费品生产部门与生产资料生产部门相互推动下去，整个社会收入和就业就可以不断增加下去。对此，凯恩斯还特地举例加以证明：例如政府增加 1 万元新投资，先必然用来购买生产资料。于是这 1 万元就增加了对生产资料的需求，成了生产资料部门的收入。如果这个部门把这笔收入全部用于增加消费，那么，消费资料部门在出卖产品之后也必然增加 1 万元的收入。这样互相推动下去，收入和就业便可以增加了又增加，一直达到充分就业。凯恩斯据此得出结论说：在投资与收入、投资与就业之间存在着某种倍数关系。投资与收入之间的倍数关系叫作"投资倍数"；投资与就业之间的倍数关系叫做"就业倍数"。这个倍数的大小要看这种新投资所直接引起的收入，究竟以什么比例来增加消费而定。按照凯恩斯的说法，这种倍数的大小决定于社会消费倾向（这里的消费倾向包括生产消费倾向和生活消费倾向）。边际消费倾向越大，则倍数之值也越大。比如说，增加 100 万元投资，这时投资品生产者的收入将增加收入 100 万元。如果在其增加的收入中有 80％用于消费，那么他们会支出 80 万元用于购买消费品，这 80 万元就成为第二轮增加的收入，得到这 80 万元收入的人们再以 80％用于消费，即以 64 万元用于消费，这 64 万元又成为第三轮增加的收入。如此类推下去就能得到：100＋80＋64＋51.2＋……＝500 万元。凯恩斯为了表明他的倍数原理（也称乘数原理）的科学性，他还特地建立起如下的推导公式。设以 Y 代表收入，C 代表消费，I 代表投资，S 代表储蓄；而以 ΔI 代表收入增量，ΔC 代表消费增量，ΔI 代表投资增量，ΔS 代表储蓄增量；$\frac{\Delta C}{\Delta Y}$ 表示边际消费倾向，$\frac{\Delta S}{\Delta Y}$ 表示边际储蓄倾向。收入增量等于投资增量与消费增量之和（即 ΔY＝ΔI＋ΔC）。

收入增量或等于储蓄增量与消费增量之和（即 ΔY＝ΔS＋ΔC）。现在以 K 代表投资乘数，则 K 是一定投资数量 ΔI 同由此引起的收入增量之比。列式于下：

$$K=\frac{\Delta Y}{\Delta I}=\frac{\Delta Y}{\Delta Y-\Delta C}=\frac{\Delta Y/\Delta Y}{(\Delta Y-\Delta C)/\Delta Y}=\frac{1}{\frac{\Delta Y}{\Delta Y}-\frac{\Delta C}{\Delta Y}}=\frac{1}{1-\frac{\Delta C}{\Delta Y}}=\frac{1}{\frac{\Delta Y-\Delta C}{\Delta Y}}=\frac{1}{\frac{\Delta S}{\Delta Y}}$$

公式表明：投资乘数等于1减边际消费倾向之差的倒数，或等于边际储蓄倾向之倒数。将上例代入这个公式则得：

$$K = \frac{1}{1-\frac{80}{100}} = \frac{1}{\frac{20}{100}} = 1 \div \frac{20}{100} = 5 （倍）$$

凯恩斯的上述乘数公式例子表明：乘数的大小与边际消费倾向直接相关。在增加的收入中用于消费的比例越大，投资引起的连锁反应或推动作用也越大，总收入增加也越多。凯恩斯宣称这就是投资乘数所起的作用。投资的增加导致收入成倍的增加。投资的这种作用，被称之为"乘数"原理。因此，凯恩斯认为政府投资能推动国民收入的成倍增长，也是实现充分就业的有效途径。

第七节　凯恩斯精心创建自己的经济学理论体系(下)

一、凯恩斯的货币理论

凯恩斯在分析古典学派的货币理论不完善的基础上创新了自己的货币理论。古典学派认为，在货币市场上货币的供求关系只能决定价格水平，而不影响同期的总产量和就业水平。因此货币只是作为实物交易的一个中性媒介物，对各种经济动机和决策不发生影响。而凯恩斯对他们关于货币的这种传统论断则表示否定。

凯恩斯认为，货币通过其对市场上适时适量的投放，是能够影响同期总产量和总就业水平的。他认为货币市场上投资与储蓄的相互作用决定着总收入与总就业的均衡水平；货币市场上的供给与需求之间的适当关系决定均衡利息率；而利息率又是决定投资量的最后因素，即利息率低于资本的边际效率，资本家乐于投资；利息率等于资本边际效率时，资本家停止投资，因为无利可图。凯恩斯认为，适量增加通货数量使物价温和上涨，以降低实际工资，增加利润，从而也能增加一定产量和就业量（这里只提一下，后面将详述)。凯恩斯认为货币市场的变动必然牵动其他两个市场,引起宏观经济波动。因此,他确认只有货物与货币这两个市场上的供求力量共同作用,才能决定社会总收入量和总就业量。这样,他就把三个彼此独立的商品市场、劳动市场和货币市场整合为相互联系的有机的货币经济体系。

二、凯恩斯的危机理论

凯因斯摒弃传统经济学否认资本主义经济存在危机的论断,他用大量事实推翻了这个论断。他认为,资本主义经济存在生产过剩的经济危机这是不争的事实(前已述及)。凯恩斯的危机理论包括以下几个方面,即危机起因、危机周期和危机解决之途径。凯恩斯认为,决定就业和投资的一切因素,如消费倾向、资本边际效率和借贷利息等,在资本主义经济循环中(他称之为商业循环)都起着作用,促成并加剧着周期性危机。凯恩斯指出,欲对商业循环加以考察,则上述"每个因素都有用处,尤其著者,当推消费倾向、灵活偏好状态以及资本之边际效率"。"我认为商业循环之主要原因还是资本之边际效率之循环变动。"按照凯恩斯的理论体系,消费倾向不变,就业量取决于投资数量;利息率不变,投资量取决于资本的边际效率。危机的主要原因在于"资本之边际效率突然崩溃"。

"资本之边际效率"何以突然崩溃?凯恩斯的逻辑推理是:就业量取决于有效需求,主要取决于投资需求。而投资量则取决于资本家对资本未来收益之预期。所谓预期乃是一种估计,它是随着资本家的情绪而时常变动的。情绪乐观时估计过高;情绪悲观时估计过低。预期很难适中。资本家在投资市场上都各行其(事)是。他一旦发现市场情形与自己预期的不符,情绪马上失常,对市场便作出急剧反应。人人如此,便使资本市场原有秩序大乱,引起资本边际效率剧烈变动。凯恩斯把资本边际效率时高时低的这种变化情况称之为资本边际效率的周期变化。他认为正是这种情形引起资本主义经济循环的周期波动：资本边际效率高时造成经济循环的上升阶段；资本边际效率低时造成经济循环的下降阶段。在这个阶段上，资本边际效率继续下降，下降到最低点时投资停止，结果造成生产停滞和经济危机。这就是凯恩斯对资本边际效率为什么突然崩溃的原因所作的解释。同时，他还对危机周期进行了论述，这也是他对经济危机周期爆发的原因所作的解释。资本主义经济危机何以周期爆发，每隔几年就爆发一次呢？他认为这是由于资本边际效率复苏过程所使然的。他说，在危机时期，资本边际效率是很低的，甚至是负数。这样，一方面经过一段时间，由于使用、陈旧、损坏，资本物逐渐减少起来，另一方面社会每日每时还需要消费一定数量的资本物。由于上述两方面原因，市场存货售完，而社会仍存在一定量需求。这时银行利息率又低。目睹这种市场情况，资本家情绪又逐渐乐观起来。于是，资本边际效率又逐渐提高，投资市场开始活跃。经过投资者们争相暗中操作，又造成社会经济高涨。在凯恩斯看来，这就是资本主义经济循环的原因。危机周期"有某种长短，不是这次是一年，下次是十年，而是颇呈规则性，总在三年至五年之间变动。"他说周期的这种长度主要是和耐久资产的平均寿命有关。可见，凯恩斯不仅承认危机的存在，而且还承认危机是周期的。

如何克服经济危机呢？凯恩斯把希望寄托在国家的调节政策上。他说："最聪明的办法还是双管齐下。一方面设法由社会来统制投资量……同时用各种政策来增加消费倾向"。总观凯恩斯的就业理论和投资理论可清楚地看出：凯恩斯把"三个基本心理规律"即"人们消费的心理倾向"、"资本未来收益的心理预期"以及"心理上的灵活偏好"这三个因素看成决定消费与投资以及经济均衡发展的主要力量。所以凯恩斯认为，克服危机的一个有效方法就是要政府调节这三个基本心理因素，以增加有效需求，即增加消费和投资，从而实现充分就业和消除危机。为此，凯恩斯还周密地编制了一套控制危机爆发的纲领，主要包括以下几个方面：（1）增加公众消费；（2）减少财产不均，提高消费倾向；（3）控制投资，要由"中央控制"投资；（4）扩大政府投资，实现"投资社会化"，国家要有长期计划，举办公共工程；（5）实行"有限"的通货膨胀，减低利息率，提高物价，降低实际工资，以刺激新投资。凯恩斯企图通过实施上述纲领，扩大投资，增加消费，增加有效需求，消除失业和危机，使资本主义经济在近似繁荣的水平上稳定发展。

三、国家干预社会经济的政策理论

所谓国家干预社会经济的政策理论主要是指由国家统一制定相关相宜的财政政策和金融政策，以调控社会经济的运行，增进投资，促进就业和消除危机。

所谓相宜的财政政策就是指通过国家预算制定一种对社会产品进行分配的财政政策，主要有以下几种：

（1）公共投资政策。所谓公共投资就是政府根据预算投资。凯恩斯认为，救济失业的办法是投资。如果私人不愿扩大投资，那就只好依靠政府进行公共投资。政府投资就是指国家兴建公共工程的投资，如修建医院、学校、桥梁、道路和其他公共建筑，即兴建公共服务事业或生产事业。凯恩斯指出：当社会消费太低时，可以增加投资来抵偿消费之不足。当私人投资因消费不足而减少时，则用公共投资来弥补私人投资之不足。通过扩大政府投资之途径来扩大社会就业。诚然，西方国家的政府对每年大量军费支出是积极支持的。因为，军工生产的扩大不存在产销矛盾，又能获得高额利润。同时，军工生产的增加确实可以暂时增加一批人就业，还可以使科学技术在人力、财力、技术优势的情况下，得到迅速发展。

（2）"举债支出"政策。在凯恩斯看来，要增加"有效需求"就要扩大社会支出，主要是扩大政府支出。怎样获得财源呢？依靠举债方式。凯恩斯说："举债支出虽然'浪费'，但结果倒可以使社会致富。"他说，我们说的"举债支出"，包括政府用举债方式兴办公共事业的支出以及用其他举债方式来维持的经济支出。凯恩斯认为，政府举债支出增加投资，私人举债支出增加消费。两者都能增加"有效需求"。故这种举债支出能扩大社会就业。举债支出理论及其政策在凯恩斯的经济理论政策体系中占有极其重要的地位。

（3）高额累进税政策。凯恩斯承认，现代资本主义社会具有两大明显的弱点：其一，不能提供充分就业，这一点上面已有所述；其二，财富与所得的分配太不平均。他写道，就他本人而论，他相信的确有社会的以及心理的理由，可以替财富与所得之不均辩护，可是不均得像今日那样厉害，那就无法辩护了。于是，他提议建立一个直接税体系，使得理财家、雇主以及诸如此类人物之智慧、决策、行政技能等，在合理报酬之下为社会服务。对大额所得以及大额遗产课以更重之税，应对它们征收高额累进税。他还主张制定税收结构政策，规定税制和税率，使各行各业都必须按章纳税。凯恩斯认为，通过加重税收的办法可以缩小财富不均的幅度，以增加消费和提高就业水平。

所谓相宜的金融政策就是指国家通过制定某种金融政策刺激投资与增进就业。金融政策就是国家通过银行体系对经济进行干预的一种政策，即国家通过管制货币发行量、降低利息率，以调节投资和增进就业。他的金融政策包括如下几方面：

（1）降低利息率政策。前面讲过，凯恩斯在利息理论方面的结论是：利息的大小决定于两个因素：流动偏好，即灵活偏好和货币总量。在凯恩斯看来，利息是"一定时间内放弃流动性的报酬"，利息率决定于人们想以货币（现金）形式保持财富的心理动机。他反对高利息率政策，倡议"低利息率"政策。他说，除非金融机构设法压低利息率，否则将妨碍其他方面之投资。凯恩斯认为，低利息率好处有：第一，在未达到充分就业的情况下，低利息率政策可以鼓励私人投资，增加收入和就业。低利息率政策是国家在一般情况下应采取的政策。第二，低利息率政策会使食利阶级慢慢自然死亡，使他们逐渐不能利用资本之稀缺性及其压迫力量，这将使资本主义大为改观。他认为，高利息率是对资本家投资积极性的损害，只能增加食利阶级的收入。而坐收利息的阶级的收入只有一小部分用于消费需求，其余皆作储蓄，并不用于投资需求，致使有效需求不足。

怎样才能降低利息率呢？他认为在金融政策方面首要的是使货币脱离金本位制。这样货币的发行就可以不受本国黄金的约束。在此基础上，政府通过增发货币，扩大信用，增加通货的供给，以克服"资本之稀缺性"，就能使利率下降。凯恩斯的利息理论告诉人们：利息的升降与人们的流动偏好成正比，不过人们手中能持有多少现金，这要受社会上货币数量的影响。社会上货币数量多，可满足流动偏好的程度就大；反之，社会上货币数量少，可满足流动偏好的程度就小。于是，凯恩斯断言利息的大小是由流动偏好的心理动机和货币数量共同决定的。在流动偏好不变的情况下，货币数量的多少决定了利息率的高低；在货币数量不变的情况下，流动偏好的强弱决定了利息率的高低。据此，凯恩斯推论说，货币数量既然由金融政策决定，那么金融政策自然也可以决定利息率、投资与就业了。

（2）"有节制"的通货膨胀政策。凯恩斯主张货币应该脱离金本位制。他认为这样国家就可以任意发行货币，增加通货数量，使利息率降低。货币数量的增加会造成通货膨胀。凯恩斯认为，"有节制"的通货膨胀能起到增加投资引诱的作用。因为"有节制"的通货膨胀所造成的物价上涨，一方面使资本家获利更多，另一方面降低了工人的实际工资，这又可使资本家获利，从而刺激私人投资。他的通货膨胀政策理论是主张"有节制"的，因为物价上涨幅度小，引起工人反对不强烈；反对无节制的通货膨胀，因为物价上涨幅度大，会遭到工人们的强烈反对。凯恩斯反对降低货币工资。

他认为降低货币工资这种做法不聪明。因为这会引起工人们的反抗，同时在经济上也不相宜。这将减少有效需求。只有用增加货币工资量又使物价一定程度上涨，从而降低实际工资（甚至在增加货币工资的情况下使实际工资大幅度下降）的办法，才能缓和并对付工人们的反抗。他认为，只有愚蠢之徒才会挑选有伸缩性的工资政策，而不挑选有伸缩性的货币政策。可见，凯恩斯的"有节制"的通货膨胀政策乃是其工资政策的出发点。

第八节　凯恩斯经济学理论的历史地位

一、凯恩斯诊断资本主义经济综合症的病根

20世纪30年代，资本主义世界市场出现了一片萧条景象。工厂纷纷倒闭，大批工人失业，一方面穷人忍饥挨饿，另一方面大量卖不出去的商品却堆积如山。因为商品卖不出去，商人之间、商人与资本家之间出现了信任危机，债务纠纷四起，资本家完全失去经营自信，心理一片恐惧。随着社会经济萧条和资本家心理恐惧日甚一日，资本主义社会也日益动荡不安，这就是20世纪30年代资本主义世界大危机的凄凉景象。

这次危机中经济大萧条是空前的，在深度上、广度上和持续时间上都是资本主义经济发展史上前所未有的。当时整个资本主义世界风雨飘摇，穷人愈益贫困，富者人人自危；由经济危机又波及政治动荡，全社会陷入惶惶不可终日的境地。在政治、经济双重压力下，一向以资本主义经济发展导航师自居的新古典学派经济学家对此不能作出解释一筹莫展。此时传统经济学一切学派对此都不能自圆其说。在此存亡之秋，资本主义社会上层人士都希望有一种新的经济学说，既能在理论上对大萧条作出解释并自圆其说；又能在政策上开出一剂能摆脱困境的良方妙药，使资本主义经济重现繁荣景

象。理论上的这种发展形势既是挑战，也是机遇。这个责任就历史地落到凯恩斯的肩上。他对上述以经济为基础的包括当时历史形势和社会政治综合爆发的经济社会现象，进行了探索再探索。并在此基础上，他撰写出的《通论》就是在当时被证明是一剂行之有效的良方。

他在《通论》中说道：当时的资本主义社会经济已经患上经济综合症（或称顽症），其病根是由社会有效需求不足引起的。解救这种顽症的有效方法就是千方百计地扩大社会有效需求，即扩大投资需求和消费需求。行之有效的办法就是政府出面干预经济，实行一系列的需求管理政策，这是《通论》的核心内容和精髓。《通论》的问世直接摒弃了传统经济学自由放任的宗旨。因此《通论》当时不为人们所接受，遭到许多非议和责难。后来随着政府干预经济和管理财政开支日见成效，政府人士和社会贤达相信《通论》者日渐增多。特别是二战爆发，政府直接进行战时经济管制，不仅保证了反法西斯战争的进行，而且还保持了社会充分就业。这既是个了不起的社会经济成就，也是对《通论》的基本肯定。这样一来，《通论》从理论到实践是对资产阶级经济学说的重大突破。

鉴于《通论》指导财政管理和社会就业的显著成效，英国政府于1944年5月发表了《就业政策白皮书》，表明《通论》已经被政府和社会广大人士所接受，成了官方战后制定充分就业的指导思想。同时，凯恩斯的《通论》也被美国政府和社会所接受。1945年9月18日美国参议院就是在《通论》思想的指导下通过了对《芒内充分就业法案》的修正案，公开宣称应付萧条和失业的不平衡预算并不违背正确的财政政策，强调这是个必要的政策，继而美国国会又通过了"1946年就业法"。就业法明确指出：应当采取一切措施使那些能够、愿意而且正在谋求工作的人们都能找到有益的工作。这表明国会通过法案授权政府干预经济，并把扩大社会就业、稳定经济周期、促进经济增长视为政府及其官员的责任。此外，澳大利亚、加拿大和欧洲诸国也先后效仿英、美由政府名义制定了充分就业的官方文献。英、美诸国相继出台政府干预经济的政策。这正表明凯恩斯经济思想的胜利，从异端学说而成为正统的理论经典，成为资产阶级经济学的正宗，正式登上了"政府经济学"的宝座。此后几十年的时间里，凯恩斯经济学乃是资本主义国家政府制定经济政策和管理社会经济的主要理论依据。西方各主要资本主义国家战后长期推行凯恩斯主义国家干预经济的扩张政策是有成效的。虽然，战后西方资本主义诸国爆发了好几次经济危机，但并未能从根本上妨碍经济增长。从战后至 1973 年这 20 多年里，西方诸国除去几次经济危机对经济增长的破坏外，经济年平均增长率仍为6.1%，竟超过战前和平年代年平均增长率 2% 的两倍多。当然，战后主要资本主义国家经济高速增长的原因是多方面的，但推行凯恩斯主义经济政策则起到重要作用。

二、凯恩斯开出良方妙药对症医治

凯恩斯经济理论与政策主张之所以取得如此成就，大概是由于他对资本主义经济病症进行了针对性的剖析。凯恩斯和传统资产阶级经济学家不同，他对资本主义经济综合症不讳疾忌医。传统经济学家否认资本主义经济存在经济危机和大量失业；而凯恩斯则公开承认资本主义经济的的确确存在经济危机和大量失业。他指出失业不仅存在于经济危机时期，即便在平时也存在失业。他称经济危机是资本主义经济痼疾的表现形式，而失业问题又非常严重，严重到"令人不能容忍"的地步，任其进一步发展就会爆发社会动乱，还可能引起社会革命。这就是凯恩斯对资本主义经济痼疾的诊断。对症下药他开了"处方"：其一是政府要采取一切经济和政治的措施，消除经济危机，实现充分就业，维持充分就业是政府经常性职责，责无旁贷；其二是要政府管理好全社会生产资源并使之充分利用，以达到并维持充分就业，此乃政府之战略目标。

　　凯恩斯反对传统经济学家赞美资本主义制度完善性和协调性的论断。他承认资本主义制度有缺陷，存在失业和收入分配不均。他用经济危机爆发时所呈现的破坏实例，揭露了传统经济学家美化资本主义制度的虚伪性，指出他们关于自由放任的市场机制会自动导致就业均衡论断的错误，从而否定了萨伊定律的教条。他指出要使资本主义制度协调发展，就必须使政府有所作为，实行一系列政府干预的行之有效的经济政策和财政政策。他强调国家应有所作为，国家对经济发展应有权调节，即政府应该干预经济。国家不仅对国有经济有权调节，而且对私人经济也有权实行政策调节，以弥补私人经济的有效需求不足。凯恩斯指出，资本主义经济纵然有诸多不足之处，但总可以通过政府干预措施来弥补。他认为政府干预是唯一切实可行的办法，既可以避免现行经济形态之全部毁灭，又是可以让私人策动力得以适当运用的必要条件。所以在他的经济理论体系中，立足点是放在国家调节经济的基础之上的。他想把私人资本主义经济变成"可调节的"资本主义经济。

　　凯恩斯指出全社会商品供给大于商品需求。针对萨伊等人的"供给自行创造需求"说，他明确而又严正地指出：在自由放任的前提下，市场机制的自动调节不可能保证"供给创造它自身的需求"，也就是不能保证全社会"充分就业"均衡。他认为要有效地解决"有效需求不足"，就必须采取种种措施，增加全社会的货币支出（包括政府和私人支出），扩大对消费资料和生产资料的需求。凯恩斯认为，资本主义经济萧条、经济危机和社会失业等病症的根源就在于社会有效需求不足，亦即消费不足和投资不足。因此政府就要实行膨胀性的赤字财政政策、举债支出政策，以扩大全社会需求。

　　凯恩斯认为，在经济管理体制中心必须摒弃过时了的微观经济管理方法，采用总量分析的宏观调控经济模式。这种模式把国民收入和就业总量联系起来作为中心课题加以综合分析。凯恩斯的宏观经济理论同微观经济学从内容到形式都有显著的不同。前者不仅理论面貌一新，课题新颖；而且包含着一整套新的经济范畴，如消费倾向、资本边际效率和流动偏好等，并把它们贯穿起来形成一套理论体系。

凯恩斯对资本主义经济综合症病因所作的上述诊断基本是正确的，故他的经济理论能把深陷于经济危机的资本主义经济解救出来，并使之步入三十年稳定增长的繁荣时期，使资本主义国家经济实力大大增强。因而，凯恩斯主义经济理论得以雄踞资本主义经济学殿堂长达几十年之久，他本人也被誉为西方十大经济学家之一。

今天凯恩斯主义虽然退出世界舞台，但是它在世界人们心目中的影响仍然是深刻和持久的。

第二编

论 文 类

评桑弘羊的经济改革措施
及其历史作用*

　　桑弘羊生于公元前 152 年，卒于公元前 80 年，河南洛阳人，出身于商人家庭。他十三岁入宫廷作侍从，得有机会来往于皇帝和大臣之间。他因善于"言利"，得到汉武帝的信任，被委以重任，后任大农丞、搜粟都尉、大司农、御史大夫等职，长期主持经济工作，掌握财政大权达三十余年之久，是西汉时期一位杰出的治国理财能手。他对西汉社会封建经济的发展和中央集权的巩固作出了卓越的贡献，其主要方面是协助汉武帝推行一系列经济改革措施。这是桑弘羊适应社会生产力发展要求而对西汉社会生产关系实行的重大改革，也是西汉历史之所以取得相当进展，汉武帝治国之所以取得"文治武功"的重要原因之一。

　　桑弘羊之所以能制定并推行这些经济改革措施，除了他出身于商人家庭和个人从事多年理财实践之外，重要的是他适应当时社会政治经济发展形势所提出的要求。在中原，地方诸侯和富商豪强垄断着国家经济命脉。他们既控制着工商业，又兼并土地，这就加速了广大农民和手工业者的破产，扩大了阶级矛盾。在边境，汉王朝与匈奴等民族之间的战争连年不断，沉重的军费和兵役大大超过人民的负担能力，造成国困民贫，政府发生财政困难，而富商大贾不但"不佐国家之急"，反而趁机加紧掠夺。这样一来，西汉政府就因为财源枯竭、经济困难而无法巩固，它的存在受到严重的威胁。

---

　　* 本文原载于《经济科学》1983 年第 1 期。

一些地方诸侯实行封建割据，不但和中央政府分庭抗礼，而且还和匈奴奴隶主互相勾结，策划暴乱。这就动摇了西汉中央集权的统治基础。桑弘羊等人站在中央集权的立场上，面对这种情形忧国感怀，谋求自强，并针锋相对地同上述敌对势力进行了坚决的斗争，积极维护中央集权的统治。商鞅相秦和贾谊论政的治国理财主张给桑弘羊以很大的启示。增加西汉王朝的财政收入，增强国力，巩固中央集权，这就是出路。桑弘羊从历代理财失败的教训中，更重要的是从自己理财的实践中，认识到必须掌握财源，也就是要掌握国家经济命脉，这是封建中央集权统治的经济基础。他力助汉武帝制定和推行一系列促进封建经济发展的重大财经政策，旨在使国家控制经济命脉，削弱地主豪强的经济势力；将豪强贵族、工商大贾手中的一部分权益转到中央政权手中，以增强国力；通过加重对豪强大贾的经济负担，减少中间商贾的剥削，以减轻人民的负担，缓和阶级矛盾，从而以应有的人力物力支持了抗击匈奴的战争并取得了重大胜利。

桑弘羊吸取《管子》一书中以及范蠡和其他先秦思想家的政治经济思想，并结合当时西汉社会政治经济的具体形势加以发展，从而制定和推行一系列经济改革措施，其主要方面如下。

一、盐铁官营　酒类专卖

汉以前和汉初，盐铁为私人经营，国家只设盐官、铁官征收盐税、铁税。桑弘羊从总结过去经验中深刻认识到，盐铁私营对政府政治、经济都是十分不利的。如果盐铁经营掌握在豪强贵族和工商大贾手中，他们便依仗强大的经济实力同政府抗衡，从经济上的占有必然发展到政治上的进攻，最后搞垮中央集权。例如，他在盐铁会议上总结历史教训时指出：“异时盐铁未笼，布衣有胸邴，人君有吴王，……吴王专山泽之饶，薄赋其民，赈赡穷小，以成私威。

私威积而逆节之心作。"① 这里桑弘羊清楚地看出豪强贵族和工商大贾对盐铁的占有是他们进行反抗的经济基础。由于盐铁的重要，桑弘羊在汉武帝的支持下，坚决地并富有成效地实行盐铁官营，把盐铁工业的所有权和经营权从私人手中转到政府手中。这就直接打击了豪强贵族和工商大贾的既得利益，必然遭到他们的强烈反对。他们还和地方分裂割据势力串通一气来反对中央政权。例如，汉始元六年（公元前81年）召开的盐铁会议，就是上述势力的代表向实行盐铁官营的桑弘羊和汉武帝时期的经济改革措施进行全面攻击的会议。从表面上看，斗争是围绕盐铁官营民营问题展开的，实际上，斗争的实质是坚持封建主义中央集权制还是破坏中央集权，一旦中央集权遭到破坏，将使中国西汉社会四分五裂，拉历史后退。盐铁会议上所展开的激烈论战，就是上述两种政治势力之间长期斗战的总爆发。在会议上，代表豪强贵族、工商大贾和割据势力利益的贤良、文学对盐铁官营进行了攻击。文学曰："今郡国有盐铁……与民争利，散敦厚之朴，成贪鄙之化。"② 又曰："盖文帝之时，无盐铁之利而民富，今有之而百姓困乏，未见利之所利也，而见其害也。"③ 桑弘羊以大无畏的精神，舌战群儒。他明确地指出了盐铁官营的目的："有司请总盐铁，一其用，平其贾（价），以利百姓公私。"④ 这里桑弘羊站在封建中央政府立场上，毫不讳言地阐明盐铁官营的经济和政治意义，不仅为了增加政府的经济收入，满足国家和人民对盐铁的需要，而且更重要的是要使分裂割据势力、豪强贵族和工商大贾绝并兼之路，削弱他们搞分裂割据的经济支柱，加强中央集权，为强化地主阶级的中央统一政权奠定坚实的物质基础。

关于冶铁官营。两汉时期的农业生产中铁制农具已被普遍采

---

① 桓宽：《盐铁论·禁耕》，四部丛刊景明嘉靖本。（下引同书仅注篇名）
②《本议》
③《非鞅》
④《水旱》

用，特别是汉武帝时期政府供给农具，大力进行边境屯田和内地屯田，这样，民用和官用的铁制农具需要量激增。同时，政府在抗击匈奴战争中铁制的兵器需要量也不断增加。因此，大力发展铁制农具和兵器是生产和战争提出的迫切要求。这就要求源源不断地供应大量的铁。桑弘羊制定冶铁官营措施是符合社会生产发展要求的。事实证明，在官营措施实行之后，冶铁工业获得相当规模的发展，铁矿开采规模扩大了，冶铁人员倍增，治铁技术专门化了。据《汉书·贡禹传》记载：汉时冶铁规模不断扩大，"诸铁官皆置吏卒徒，攻山取铜铁，一岁功（工）十万人以上"。《汉书·地理志》记载：冶铁官营之后，铁业生产地区多达四十九处，遍布太原（今山西太原一带）、河南（今开封与郑州之间）、庐江（今安徽庐江县西一带）、济南（今山东济南市一带）等四十个郡，冶铁点不仅分布于中原地区，而且发展到甘肃、辽东等边远地区。虽然这里记载的主要是汉武帝以后冶铁业的发展情况，但这在一定程度上也能说明汉武帝时期官营冶铁业取得相当大的发展。从河南巩县和南阳发掘的西汉炼铁遗址中，就发现有反射炉和坩埚，这证明西汉时期已能生产优质铁和低碳钢。事实充分说明，冶铁官营对于发展社会生产力，促进农业生产和屯田事业的发展，对于保证抗击匈奴的胜利，对于增加政府财政收入和增强国力，都起着极为重要的作用。正如《水旱》篇中，桑弘羊用铁的事实阐述了盐铁官营之效："财用饶，器用备。"由于官营炼铁事业的发展，农业特别是官办屯田事业获得相当大的发展。据史书记载，汉武帝开发西南边境、开疆拓土、统一中国之所以能够成功，中国铁制兵器和屯田农业也是很重要的因素。

关于煮盐官营。汉以前和汉初煮盐基本上是由私人经营的。秦时虽设置盐官，只收盐税并未实行盐业官营。大盐商垄断盐业，高利盘剥，大发横财，削弱国力，以富足自己，并蓄谋叛逆。桑弘羊对此有深刻的认识。他在盐铁会议上指出："往者，豪强大家，得管山海之利，采铁石鼓铸，煮海为盐。一家聚众，或至千余人，大抵尽收放流人民也……聚深山穷泽之中，成奸伪之业，遂朋党之权，其轻为非亦大矣。"① 当然汉武帝对此亦早有同感。汉武帝于元狩三年（公元前120年）曾采取大农令郑当时的建议，一度委任齐大盐商东郭咸阳主管盐业事务，禁止私人煮盐。当时利用大盐商主管全国盐务，政府是经过一番考虑的，对政府对人民都是有利的。这样可以利用商人资本和煮盐经验发展盐业生产，增加国家收入。不过在东郭咸阳主管盐务期间的官营盐业收效不大，有些地方官营还流于形式。直到桑弘羊出任大司农兼管盐铁事之时，才把盐业官营真正付诸实施。所以在桑弘羊兼管盐务之时，盐业官营才名副其实，才收到更大的成效，官营盐业得到很大发展。据《汉书·地理志》记载：当时全国产盐地区多达三十七处，分布在太原（今山西太原一带）、辽东（今辽东半岛）、南海（今广东广州一带）等二十八个郡，盐业在生产规模和技术发展方面同冶铁业并驾齐驱。

关于酒类专卖。在汉时，政府制定了"酒榷"。所谓"酒榷"，就是酒类专卖。国家对酿酒进行垄断，禁止民间私自酿酒，而零售仍由私商经办。政府制酒榷的目的，正如桑弘羊指出的那样"册（策）滋国用……建酒榷，以赡边，给战士，拯救民于难也"②。所以制酒榷是政府增加财政收入、打击酒商的一种重要措施。

尽管在盐铁酒诸方面都实行了专卖措施，但政府在垄断方法上采取了分别对待的政策。对盐铁生产和流通方面都实行垄断；对酒类政府则垄断其酿造，而其销售仍由私商经营。

由于实行对盐铁酒等类的垄断措施，国家在经济上取得了很大的收益，大大改变了国家的经济面貌。正如御史（桑弘羊的属官）

①《复古》
②《忧边》

在盐铁会议上指出："上大夫君（指桑弘羊）与治粟都尉管领大农事，灸刺稽滞（用条刺促进血液循环，这里比喻桑弘羊经济措施促进各部门经济发展），开利百脉，是以万物流通，而县官富实。当此之时，四方征暴乱，车甲之费，克获之赏，以亿万计，皆赡大司农，此皆扁鹊（春秋时名医）之力，而盐铁之福也。"[1] 盐铁官营使中央集权增强了经济实力，使豪强贵族地主和工商大贾力量遭到削弱，这样也就巩固了中央集权的政治统治。西汉王朝封建主义制度之所以一度获得兴盛，这在一定程度上得力于盐铁官营和酒类专卖措施的实行。

二、置均输、平准

政府置均输、平准，目的在于经营商业，以控制运销，平抑物价，取得收入，扩大政府财政来源。西汉初期的官府彼此争购货物，常使物价腾贵，各地向中央交纳贡物，路途遥远又有不合理的运输，以致运费昂贵，常超过贡物原价。元封元年（公元前110年），武帝任桑弘羊为大司农，下设管理运输的运输官和平稳物价的平准官，令各地向运输官交纳贡物折价和运费，由平准官和运输官在低价地方买货运到京师或到高价地方出售，或贱时买贵时卖，以调整国内各地区的供求，平稳物价。运输工具由政府置办，运输人员由政府征发平民充当。在置均输问题上，上述两种势力同样地进行着针锋相对的斗争。文学认为均输措施"行奸卖平，农民重苦，女工再税，未见输之均也"[2]。而桑弘羊指出："往者郡国诸侯各以其方物贡输，往来烦杂，物多苦恶，或不偿其费。故郡国置输官以相给运，而便远方之贡，故曰均输。"[3] 均输措施实行之后，政府立即收到巨大的经济效果。均输是政府财政收入的一个重要来

---

①《轻重》
②《本议》
③《同上》

源。正如桑弘羊自己所指出的那样："往者财用不足，战士或不得禄，山东被灾，齐、赵大饥，赖均输之蓄，仓廪之积，战士以奉，饥民以赈。"① 连一向不赞许桑弘羊的司马迁也不得不在《史记·平准书》中承认桑弘羊均输措施的成效是"民不益赋，天下用饶"。在桑弘羊任搜粟都尉兼管大农令的很短时期内就扭转封建政府财政穷困的局面，国库充盈，除供给汉武帝外巡赏赐帛绸百余万匹，钱数万万外，国库还存帛绸五百万匹。当时在不增赋税的情况下，而能满足封建政权庞大财政开支的需要，这一事实本身就充分说明桑弘羊理财的功绩和才干。

桑弘羊推进的平准措施，同样具有积极的意义。《史记·平准书》中评价说："置平准于京师……大农之诸官尽笼天下之货物，贵即卖之。贱即买之。为此富商大贾无所谋其利，反其本，而万物不得腾跃，故抑天下物，名曰平准。"桑弘羊自己也说："……县官设衡立准，人从所欲，虽使五尺之童适市，莫之能欺。"② 所以平准是排斥富商大贾、平稳物价的一种措施。由此可见，均输和平准是有区别的：(1)平准主要是掌握时机，贱时买贵时卖，而均输是调节各地供求，贱地买贵地卖，调节地区之间的物价；(2)平准集中于京市，均输则分设于各郡国；(3)平准受命"尽笼天下之货物"，均输则是以各地货物"相给运"。平准较固定，而均输则较流动。但是平准、均输的最终目的都是相同的："播天下物"，平其时价，调节地区物价使"县官不失实，商贾无所贸（牟）利"③。正如桑弘羊总结的那样："平准则民不失职，均输则民齐劳逸，故平准、均输所以平万物而便百姓。"④ 由于实行平准、均输，减少商贾中间的剥削，消灭一些不合理的运输，同时又使政府控制交通运输和市场

①《力耕》
②《禁耕》
③《本议》
④《同上》

物价，从而稳定并增加政府财政收入，对人民群众也有一定好处。总之均输、平准对于满足地主阶级国家财政的需要，促进各地区经济文化交流，促进社会生产的发展，安定百姓生活都具有积极的作用。

三、发展官营工商业和对外贸易

"开本末之途，通有无之用"。这是桑弘羊发展商业贸易的指导思想。为了有成效地对工商业实行官营，桑弘羊奏请武帝录用了当时各郡一些著名的工商业者，任命他们担任经济部门的领导工作。政府以一定官禄为代价来缓和同豪强大贾在经济上的矛盾，从而能利用他们的经济力量发展社会生产，以增强中央集权的经济实力，削弱地方豪强贵族的势力；同时通过他们学会管理经济，学会做生意，找到增加国家收入的新途径。桑弘羊的这种重视发展官营工商业的措施，由于直接损害了豪强贵族和工商大贾的经济利益，因而遭到他们的政治代表贤良、文学们的激烈反对。他们反对桑弘羊推进的工商业官营政策，也就是反对发展封建主义经济的改革措施，主张任其放任，以便由豪强贵族和工商大贾继续垄断经济。在当时这种具体社会情况下，西汉应实行何种经济政策，方能促进社会生产的发展，以利国利民？在这个问题上，贤良、文学和桑弘羊的主张迥然不同。文学提出要"崇本退末"，就是要崇农业这个本，放弃工商业这个末。依此主张，放弃工商业，农业就成了孤军奋战，社会生产非但不能发展起来，人民生活需要也不能得到满足。因此桑弘羊义正严辞地驳斥文学的这种谬论。他指出："圣贤治家非一宝，富国非一道。"[1] "……善为国，天下之下我高，天下之轻我重，以末易其本，以虚荡其实。"[2] "富国何必用本农，足民何必井田也。"[3] 桑弘羊批判贤良、文学旧思想的这段话说得非常有理，不但

①《力耕》
②《同上》
③《同上》

有革新精神，而且包含朴素的辩证法思想。从这段话看来，桑弘羊倒像是"重商抑农"，其实不然。他的经济思想既不是"重商抑农"，也不是"重农抑商"（如果从排挤私人工商业政策这方面来说确是抑商了，这是抑工商大贾的商，决不是抑政府手中的商），而是桑弘羊自己所说的"开本末之途，通有无之用"①，"本末并利，上下俱足"②，这是一种农工商相互促进的思想，也就是说，他重视农业和工商业同时发展。他不但意识到发展工商业的重要性，而且意识到工商业对于整个国民经济发展的促进作用，对于巩固地主阶级政权和安定人民生活的重要作用。桑弘羊指出："《管子》云：国有沃野之饶而民不足于食者，器械不备也。陇蜀之丹漆旄羽，荆扬之皮革骨象，江南之枏梓竹箭，燕齐之鱼盐旃裘，兖豫之漆丝絺纻，养生送终之具也，得商而通，待工而成"③。"工不出则农用乖（缺），商不出则宝货绝。农用乖则谷不殖；宝货绝则财用匮。"④"无末利则本斯（鲜）出""农商交易，以利本末"⑤。桑弘羊重视的是发展官营商业，排挤私人工商业，其主要措施是前面所说的"盐铁官营""酒类专卖""置平准均输"，出发点是让国家掌握生财之道，控制国民经济命脉。这些措施不但促进当时国内工商业的积极发展，而且也促进当时对外贸易的一定发展。

中国在两汉时期与其他民族就有通商关系。桑弘羊认识到对外贸易对于繁荣经济和增强国力意义甚大。他说："以末易其本，以虚荡其实，今山泽其财，均输之藏，所以御轻重而役诸侯也。汝、汉之金，纤微之贡，所以诱外国而钓胡、羌之宝也。夫中国一端之缦，得匈奴累金之物，而损敌国之用。……是则外国之物内流，而

---

①《本议》

②《轻重》

③《本议》

④《同上》

⑤《通用》

利不外泄也。异物内流则国用饶；利不外泄则民用给也。"① 在桑弘羊重视国际贸易的思想的影响下，汉武帝时期中国商人出境和外国商人入境的国际贸易往来大大增加。中国与中亚、西亚各国已建立了稳定的贸易关系。一些国家还被允许在中国长安、洛阳这些较发达的城市设立类似现在的商务联络处。如当时长安、洛阳皆设有蛮夷邸（旧指高官住宅）②，这个时期中国产品中最为邻近各邦所珍贵的是丝织品，其次是黄金、铁器。中国丝绸大量畅销中亚各国，并由这些国家转运到欧州广大地区。所以欧州人最早称中国为"丝绸之国"。通过这条"丝绸之路"，欧洲和中亚各国人民在两千多年前就同中国人民进行友好往来和互通贸易。但当时中国政府严禁兵器出口，以防外邦利用中国兵器侵略中国。尽管政府有这样的禁令，兵器还是被偷运出境，外国人偶有获得者则视为珍宝。西汉政府垄断兵器制造，桑弘羊就明确指出："铁器兵刃，天下之大用也。非众庶所宜事也。"③ 不准民间铸造，也不准将兵器出口，甚至连造兵器的铁也不准出口。汉武帝时期已经发展起来的国内商业和国际贸易对于国内市场的扩大和经济繁荣，对于促进中外经济文化交流，对于促进中央集权的巩固和汉武帝开疆拓土、建立封建帝国大业都起着不容忽视的作用，就是对此后两千多年中国经济和文化的发展也有深远影响。

当然由于时代的局限性和阶级的局限性，桑弘羊的这些经济改革措施不可避免地带有明显的地主阶级的烙印。虽然他的这些改革措施促进新兴地主阶级政权的巩固，但是这个政权本质仍然是剥削和压迫劳动人民的。因而这就决定了桑弘羊在实行这些措施的过程中不可能依靠人民，而只能依靠封建官吏，以致后来官商合流，营私舞弊。不过桑弘羊这些经济改革措施依然是我国历史中的宝贵遗产。

---

① 《少耕》
② 见《三铺黄图》卷《六杂录门》和《后汉书·西域传焉耆传》
③ 《复古》

马克思政治经济学的创立标志着
政治经济学史上的革命[*]

马克思政治经济学是在对古典经济学的批判与继承的基础上建立起来的。它的创立标志着政治经济学史上的革命。它根本不同于古典经济学，这可以由以下几方面得到说明。

一

在研究对象与研究方法上，马克思政治经济学不同于古典经济学。

以李嘉图为代表的古典经济学家的研究对象及其研究方法，有其正确方面，这就是他们采用抽象方法去研究资本主义关系，研究资本主义社会经济的内部结构，并得出了一些较为科学的结论，从而推动英国古典经济学的发展，使之达到完善的地步。但是，由于阶级立场的局限，他的抽象方法并没有同辩证的历史唯物主义结合起来。所以，他违反历史地把用抽象方法研究出来的资本主义生产关系看作一切社会的一般的生产关系，这就使他看不到生产关系和经济范畴的本质变化。因此，他用抽象方法研究资本主义社会这个对象时，只看到生产力和经济范畴数量关系方面的变化，未能研究各个经济范畴的本质及其发展变化的趋势。由于这个方法论上的缺

　　* 本文原收录于安徽省社会科学学术讨论会编辑出版的《纪念马克思逝世一百周年（1883－1983）论文选集》（1983年版）。

点，就使得他的经济学说体系陷入自相矛盾的困境。

马克思纠正了古典经济学在这方面的缺点，相应地建立起真正科学的研究对象和研究方法理论，并使之成为自己政治经济学理论体系不可分割的部分。马克思在对古典经济学批判与继承的基础上，确定政治经济学的研究对象是生产关系，但这不同于古典经济学。古典经济学虽然也研究资本主义生产关系，但它根据唯心史观把孤立的"个人"作为分析经济现象和经济范畴的出发点，把经济现象当作物与物的关系来研究，把经济范畴不看作人类社会特定生产关系的理论表现，而是看作人类天性的表现，是永恒存在的。在这种思想的支配下，斯密和李嘉图在分析经济现象时把原始社会的单个猎人和渔夫作为自己研究的出发点，抽去了人的社会关系和阶级属性。马克思彻底地批判了这种唯心主义和形而上学的观点，指出人类社会自出现阶级以来，任何个人总是附属于一定阶级的，任何时候任何生产都是一种社会集体的生产。任何物质生产过程都不是生产者个人单独地、孤立地进行的，而是协同进行的。人们为了共同进行生产和交换、分配共同生产出来的产品，彼此间就发生了一定关系。这种在物质生产过程中建立起来的人们之间的相互关系就是生产关系。这种生产关系的总和构成社会的经济基础，它是一切社会关系中最基本的决定性的关系。在研究方法上，虽然古典经济学家普遍使用了抽象方法，但由于他们从非历史的观点出发，所以把资本主义生产关系当作一般的生产关系。这种抽象的结果抽掉了资本主义生产关系的本质。这样他就把资本主义生产关系及反映这种生产关系的经济范畴都看成永恒不变的东西。

马克思运用唯物辩证法科学地剖析了资本主义社会的经济结构，全面深刻地揭示出资本主义生产关系的发生、发展和灭亡的规律，这就从理论上描绘出一个完整的具体的活生生的资本主义社会形态来。马克思创立并运用唯物辩证法来研究资本主义生产关系，这是政治经济学研究方法上的革命。这样一来，马克思就把无产阶级政治经济学的研究对象和研究方法真正建立在科学的基础之上。

二

在劳动价值论上，马克思政治经济学不同于古典经济学。古典经济学经过长期理论研究和考察，发现并论证了劳动时间是形成价值的唯一因素，从而提出了劳动价值学说。这是古典经济学的一个主要理论贡献。

马克思在对古典经济学劳动价值论批判与继承的基础上，建立了自己的完整而又科学的劳动价值学说。

(1)马克思从交换价值中抽象出价值这个范畴，把价值作为商品经济的一个最重要、最根本的范畴确立起来。

古典经济学家虽然提出了价值决定于劳动，又指出商品具有使用价值和交换价值这二重性，但他们都没有研究是什么劳动决定价值，也不了解商品二重性根源于劳动二重性，故他们的劳动价值论是不彻底的，有时还是自相矛盾的。马克思吸取其科学部分，从构成实体和表现形式上考察了价值，用对劳动二重性的科学分析使劳动价值论达到科学程度。

(2)马克思关于价值量的科学测定问题。虽然古典经济学也重视量的分析，但它重视的是交换价值的量。例如：2把斧子＝10斤大米，4把斧子＝20斤大米，这种分析还只停留在表面上，没有深入到事物的本质。马克思指出，只有把两种不同使用价值的量转化为价值这个同一单位后，才能在量上相互比较。两种使用价值相交换时，数量上的比例实际上是比较它们内在的价值量（即劳动量），价值是交换价值内在的基础，而交换价值则是价值外在的表现形式。"2把斧子＝10斤大米"是价值过去的表现形态，几元几角是价值现在的表现形态，即价格是价值的货币表现。这样，马克思就把交换价值和价值、价格明确地区别开来了。在此之后，马克思才进而对价值量进行测定，所谓对价值量的测定，也就是测定构成价值实体的抽象劳动量。而劳动量是用劳动时间表示的，测定耗费在商品中的劳动量就是测定劳动时间。所以在价值测量上，为了有个相对统一的科学标准可循，马克思提出"社会必要劳动时间"这个科学概念。马克思指出这是在社会平均生产条件下的社会必要劳动时间，而农产品生产所费的社会必要劳动时间是指社会最坏生产条件下所耗费的社会必要劳动时间。这样，马克思就把"社会必要劳动时间"这一科学概念同古典经济学的社会劳动时间区别开来了。

（3）马克思建立起完整的价值形态学说。马克思在着手价值形态的理论研究时指出，一种商品的价值虽然是劳动创造的，但不能用劳动直接表现出来，只有通过另一种商品才能表现出来。这是马克思对价值形态的最一般的分析。随着商品交换和价值形态的不断发展，马克思对价值形态的研究也日趋深入。在撰写《资本论》时，通过对价值形态发展历史的考察，马克思把价值形态学说大大发展了，使其渐臻完备，创立了系统的价值形态理论。马克思在从交换价值中抽象出价值这个范畴，判明抽象劳动构成价值的实体之后，接着又回过头来分析交换价值，证明交换价值就是价值的表现形式。在全面深入分析价值的表现形态之时，马克思首先科学地剖析了"价值表现的两极"，即相对价值形态和等价形态各自的实质及其辩证关系，然后又全面地研究了价值形态，阐明价值形态由低级阶段向高级阶段发展的全过程，扼要论证价值形态由简单价值形态发展到扩大价值形态，再到一般价值形态，最后又过渡到货币价值形态。马克思论证交换发展到一定阶段必然产生货币，货币是价值表现的最后形态。这里马克思既研究了价值形态发展的历史，又研究了商品交换发展的历史。通过对商品交换和价值形态发展历史的分析，马克思深刻地指出：价值表现形态由一般价值形态过渡到货币形态是历史的必然。货币是一般等价物。在货币形态下，商品经济中原先使用价值和价值的对立最后就发展到商品与货币的对立。这样古典经济学家长期不明白和没有解决的商品"如何、为何、因何变成货币"的问题，就由马克思彻底地解决了。

（4）马克思通过揭示价值，体现人与人之间的关系，进而揭露了商品拜物教的秘密。

综上所述，马克思从分析商品生产内在矛盾开始，论证价值这一范畴产生的历史必然性，进而论证价值质和价值量的规定性，阐明价值是商品生产的社会关系等。这样，马克思就创立了完全科学的劳动价值学说。

三

剩余价值论的创立是马克思政治经济学对古典经济学的革命。剩余价值论是马克思经济理论的基石。

古典经济学家包括李嘉图在内都没有对剩余价值的实质进行分析，都没有把剩余价值作为一个独立范畴加以确立。他们的理论体系中都没有明确提出剩余价值这个科学范畴。他们没有研究价值的起源，只看到剩余价值表现的一些具体形式——利润、利息、地租等，只研究了它们的量的变化。这些都是古典经济学的功绩。不过，因为他们没有研究这些具体形式的起源，因而根本不触及剩余价值的本质问题。他们混淆了剩余价值和利润的区别。

马克思完成了科学劳动价值论，这就为他的经济理论体系的建立创造了必要前提，尤其是为他的剩余价值学说的创立提供了必要前提。马克思的剩余价值论是在劳动价值论的基础上建立起来的。

（1）马克思揭示剩余价值的起源。他首先区分了工人的劳动和劳动力，证明工人出卖的不是劳动而是劳动力，劳动力的价值等于资本家付给工人的工资。资本家购买了工人的劳动力就获得了支配工人劳动的权力。但是，工人一天劳动所创造的价值大于工人一天劳动力的价值，这就是剩余价值的源泉。马克思指出：资本家无偿地占有工人创造的剩余价值正是在资本和劳动力之间等价交换的基础上进行的。他根据价值规律科学地解释了剩余价值的起源问题，从而顺利地解决了李嘉图学说中资本与劳动相交换同价值规律的矛盾。

(2)马克思揭示了资本主义生产的实质。他首先分析了资本主义劳动过程的特点，揭示出资本主义生产过程的二重性，即资本主义生产不仅要生产使用价值，而且要生产价值；不仅要生产价值，而且要生产剩余价值。所以，资本主义生产过程就是资本家剥削工人创造的剩余价值的过程，攫取剩余价值乃是资本主义生产的目的和实质。马克思明确指出，生产剩余价值是这个生产方式的绝对规律。

(3)马克思揭示可变资本是剩余价值的真正来源。根据资本的不同部分在剩余价值生产中作用的不同，马克思把资本分为不变资本和可变资本，指出不变资本在剩余价值生产中只是转移自己的价值，而可变资本在剩余价值生产中创造出超过自身价值的价值。他还把剩余价值对可变资本的比例，确定为剩余价值率。马克思指出，剩余价值率是劳动力受资本剥削或劳动者受资本家剥削的剥削程度的准确表现。

(4)马克思关于剩余价值生产的两种方法及其相互关系的理论。他指出，由劳动的延长而生产的剩余价值叫作绝对剩余价值，但若剩余价值是由必要劳动时间的缩短和劳动日两部分数量比例上相应变化而产生，就把它叫作相对剩余价值。绝对剩余价值的生产是资本主义体系的一般基础，并且也是相对剩余价值生产的出发点。前者是用增加劳动量的办法来加强剥削，而后者则是用提高劳动生产率的办法来加强剥削。所以，相对剩余价值生产是资本主义制度的更隐蔽、更残酷、更具有特征的剥削方法。

(5)关于剩余价值的流通和分配问题。马克思的剩余价值理论的全面论述是在其巨著《资本论》中完成的，三卷《资本论》中从各方面对剩余价值所展开的叙述构成剩余价值理论体系。剩余价值学说的彻底完成标志着政治经济学史上的革命，标志着马克思政治经济学理论的真正建立。由此，无产阶级才有了可能去深刻地理解资本主义制度的历史地位和自己的历史使命，从而更加自觉地为推翻资本主义制度和争取自身解放而斗争。

四

在再生产和危机理论上，马克思政治经济学根本不同于古典经济学。李嘉图接受萨伊的观点，认为生产总是为自己开辟市场的，所以生产和消费总是一致的，不会出现普遍的生产过剩。李嘉图以产销一致来否认生产过剩危机，即使在危机事实面前他也矢口否认普通生产过剩的可能性，而且他把危机解释成个别资本家计算的错误。危机是资本主义不治之症，暴露了资本主义脆弱性和暂时性。囿于资产阶级的局限性，通过否认来达到维护资本主义制度的目的，这是古典经济学庸俗性的表现。

马克思的危机理论同再生产理论是紧密联系在一起的。马克思再生产理论首先揭露了资本主义再生产的阶级实质，指出资本主义再生产不仅是物质资料的再生产，而且也是资本主义生产关系的再生产，即一方面不断生产出资本和资本家，另一方面也不断再生产出雇佣工人。其次，通过对流通过程的研究，阐述了资本主义再生产的实现和发展所必须具备的几个必要条件，从而揭示资本主义再生产的一般规律性。最后，揭示资本主义再生产和流通过程所固有的对抗性矛盾。马克思指出，在资本主义制度下，由于基本矛盾及其他一系列矛盾的发展，必然使资本主义再生产的实现条件经常遭到破坏。而这种情况必然会促成新的经济危机，使资本主义再生产不能顺利地进行。所以，资本主义再生产是在周期性危机中进行的。马克思从资本主义扩大再生产和有支付能力的需求之间的矛盾方面分析了经济危机产生的原因。他指出：一切现实的危机的最后原因总是人民大众的贫困和他们的受限制的消费，但与此相反，资本主义生产的冲动，却不顾一切地发展生产力，好像只有社会的绝对的消费能力才是生产力的限制。生产力愈发展，资本积累愈增长，就愈是和消费的狭隘基础发生冲突，结果导致经济危机。因此，经济危机是不可避免的，它根源于资本主义制度，是资本主义生产社会性和私人占有形式之间的矛盾的必然产物。经济危机理论是马克思政治经济学的重要内容，它的创立也是马克思政治经济学体系建成的重要标志之一。

五

对资本主义制度分析所作的结论上，马克思政治经济学全然不同于古典经济学。所有古典经济学家在其经济理论中虽然都在不同程度上批评了资本主义制度，但都把资本主义生产方式当作永恒的东西。马克思论证资本主义生产方式内部的矛盾斗争必将破坏资产阶级统治的秩序，社会主义必将代替资本主义。他指出，生产力已经增长到这种关系所不能容纳的地步，资产阶级的关系已经阻碍生产力的发展；而当生产力一开始突破这种障碍的时候，就使整个资产阶级社会陷入混乱状态，就使资产阶级的所有制的存在受到威胁。这样，马克思政治经济学就全面论述在资本主义制度下无产阶级贫困、受压迫、受剥削的根源，还给无产阶级指明了翻身解放的革命道路。全世界无产阶级不仅都把马克思经济学理论当作争取自身解放的强大思想武器，而且还从中学习社会主义革命和社会主义建设理论，从马克思政治经济学的理论中找到了自身解放的道路。

西方资产阶级经济学的演变述略[*]

西方资产阶级经济学是指资产阶级对资本主义生产方式进行理论考察的经济学说和政策体系，它大约产生于 15 世纪初，后经几个世纪发展与演变，共经历了三个基本阶段：资产阶级古典经济学、资产阶级庸俗经济学与当代资产阶级经济学。这几个阶段的依次出现各有其一定的历史背景，各有其不同的特点和形式，但其根本使命却是一致的。

一

古典政治经济学是资产阶级对资本主义生产方式进行理论考察的一种比较成熟和比较科学的理论体系。但是，它还不是资产阶级最初的经济学说。最早对资本主义生产方式进行理论探讨的是重商主义。马克思指出，重商主义是对现代生产方式的最早的理论探讨。它产生于 15 世纪，全盛于 16 －17 世纪，广泛流行于英、法、意、西班牙等国，故又称西欧重商主义。它的基本观点是：只有金银才是一国真正的财富；除了开采金矿，只有对外贸易才是财富的真正源泉；对外贸易原则是少买多卖，实现出超，使金银进口；国家应发展对外贸易，奖励和监督工业生产。重商主义体系在理论上反映了封建社会末期商业资产阶级和封建国家对金银货币的狂热追求，它代表资本原始积累时期商业资产阶级的利益和要求，促进了

* 本文原载于《安徽师范大学学报》（哲学社会科学版）1985 年第 1 期。

货币资本的积累和商品生产的发展。商品货币关系的发展促进了资本主义工场手工业和资本主义关系的发展，从而为资本主义生产方式的确立创造了必要的前提。重商主义在历史上起过一定的进步作用，但是由于它把自己的研究对象局限于流通领域，把金银货币看作是唯一的财富，只考察经济现象的表面联系，因此未能揭示经济现象和经济过程的本质。马克思说：真正的资产阶级经济学的产生是"当理论研究从流通过程转向生产过程的时候才开始"①的。由于资本原始积累时期常被称作资本主义生产方式的前史，而促进资本原始积累的重商主义也常被称作资产阶级政治经济学的前史。

作为资产阶级政治经济学的前史当然还不是真正的资产阶级经济学。真正的资产阶级经济学是古典政治经济学。它是资本主义生产方式成长时期的资产阶级经济理论体系，反映了资本主义发展初期新兴资产阶级的利益和要求。资产阶级古典政治经济学产生于17世纪中叶，完成于19世纪上半期。马克思在分析古典经济学的产生和发展时明确指出：它"在英国从威廉·配第开始，到李嘉图结束，在法国从布阿吉尔贝尔开始，到西斯蒙第结束"②。古典政治经济学的产生和发展时期正逢英、法两国发生革命：在英国进行着产业革命，这是一场以机器大工业代替以手工业技术为基础的工场手工业的革命，这既是生产技术上的革命，又是生产关系的变革；在法国则进行着资产阶级革命，这是一场以消灭封建统治、开辟资本主义道路为目标的革命。法国这次革命有力地推动了整个欧洲的反封建斗争，在历史上起了进步的作用。就在英、法两国这种革命形势的推动下，欧洲各国资本主义经济关系和社会生产力获得了迅速的发展，而封建制度的残余则越来越成为生产力发展的桎梏。古典政治经济学的产生就适应这一时期资本主义经济发展的需要，它代

①《马克斯恩格斯全集》第二十五卷，人民出版社1974年版，第376页。
②《马克思恩格斯全集》第十三卷，人民出版社1962年版，第41页。

表了新兴资产阶级致力于消灭封建残余以促进资本主义关系发展的斗争利益。这一时期无产阶级与资产阶级之间的阶级斗争还处于潜伏状态；阻碍资产阶级和资本主义的社会力量还是封建主义；无产阶级虽在成长但还未构成威胁资产阶级统治和生存的社会力量。这就有可能使古典经济学家毫无顾忌地进行理论探讨，对资本主义生产关系的内在联系作初步的科学的分析。所以，古典政治经济学是一种比较进步的政治经济学，概括起来它有如下几个基本特征。

(1)坚持了对封建制度的批判与斗争。古典经济学代表着新兴资产阶级的要求，坚决支持资产阶级反抗封建贵族地主的斗争，批判封建制度和封建国家的不合理性，同时宣称资本主义合乎人性和正义。古典学派从批判封建的生产形式和交换形式的残余开始，论证它们必将被资本主义形式所代替。这就为资产阶级反对封建制度及其残余的斗争提供了有力的理论武器。

(2)促进了资本主义的进一步发展。古典经济学的使命是要阐明在资本主义生产关系下如何通过提高劳动生产率、发展生产力和扩大社会生产以获得更多的财富。它提倡完全自由放任的经济自由主义，反对一切妨碍自由竞争的政策和措施。为了实现充分的经济自由，古典经济学理论力图证明社会经济生活是受自然规律支配的，国家的任何干预只会破坏这些规律，而给社会带来不幸和灾难。所谓自然规律在古典经济学那里具有双重的含义：其一是要说明社会经济领域同自然界一样存在着不以人们的意志为转移的客观规律；其二是要说明经济生活中的规律同自然规律一样是永恒的、不变的。古典经济学关于社会经济生活受客观自然规律支配的这一认识在政治经济学发展史上具有崭新的意义。

(3)首次把理论研究从流通领域转向生产领域并在一定程度上揭示了经济关系的内部联系。古典经济学在探求经济生活的自然规律时，摆脱了重商主义的影响，第一次把经济理论的研究从流通领域转向生产领域，在一定程度上揭示了经济关系的内部联系。对此马克思作了肯定，他指出，他所说的古典政治经济学，是指从威廉·配第以来的一种这样的经济学，它与庸俗经济学相反，研究了资产阶级生产关系的内部联系。正因为如此，所以马克思把古典经济学称之为科学的资产阶级政治经济学，或称之为资产阶级的经济科学。古典政治经济学对经济科学作出了有价值的贡献：第一，确定了劳动是一切商品价值的真实尺度，从而奠定了劳动价值论的基础。劳动价值论乃是经济学体系的纯洁性的试金石。第二，在研究劳动价值论的基础上，研究了剩余价值的一些具体形态——利润、利息和地租。古典经济学的这一分析在不同程度上反映了资本主义社会内部的一些关系。第三，对社会资本再生产过程和流通过程提出了一些有科学价值的见解，并力图从理论上来论证资本主义经济的运转。例如，魁奈的《经济表》图式展示出社会资本的再生产过程，西斯蒙第的危机理论揭示资本主义制度下生产和消费之间的不可调和矛盾。他们的这些理论为进一步深入分析资本主义方式奠定了初步基础。正是这些科学方面才使古典经济学构成了马克思主义理论的三个来源之一。

古典政治经济学作为资产阶级经济学发展史上的一个基本阶段，它本身除了正确的一面以外，还有不足乃至庸俗的一面。古典经济学虽然对价值和价值量，剩余价值及其一些具体形态进行了一定的分析和研究，但因它受资产阶级视野的局限，它的分析是不充分的，研究也是不彻底的。古典经济学在对劳动价值论的研究中遇上两大矛盾：劳动决定价值和资本与劳动相交换之间的矛盾；价值规律和等量资本获得等量利润规律之间的矛盾。古典经济学在这两大矛盾面前束手无策，既不能说明，也不能解决。这两大矛盾后来由马克思完全解决了。所以，古典经济学的劳动价值论还不是真正科学的彻底的劳动价值论，而马克思的劳动价值论才是真正科学的彻底的劳动价值论。古典经济学还把资本主义制度当作自然的永恒的制度。它认为，新的科学所发现的生产和交换的规律，不是一个特定历史阶段的经济活动形式的规律，而是适用于一切生产方式的普遍的永恒的规律。古典经济学虽然在理论探讨中作出了一些科学成就，但在这一错误理论的指导下，它不可能自觉地、正确地揭示资本主义生产关系的本质及其发展规律。正如马克思所说："古典政治经济学几乎接触到事物的真实状况，但是没有自觉地把它表述出来。只要古典政治经济学附着在资产阶级的皮上，它就不可能做到这一点。"① 内含在古典经济学中的这种庸俗成份大大暴露出资产阶级经济学的阶级局限性。随着资本主义的发展及其矛盾的增长，无论在实践方面还是在理论方面，阶级斗争都越来越鲜明地存在并威胁着资产阶级的统治，资产阶级古典政治经济学便被资产阶级庸俗经济学所代替，科学的探讨让位于粉饰资本主义制度的辩护说教。

二

资产阶级庸俗经济学是资产阶级经济学演变过程中继古典政治经济学之后的又一个基本阶段。它虽然同古典政治经济学一样都是代表资产阶级利益的意识形态，但是由于它们所产生的历史条件不同，而产生了诸多差别。古典经济学是代表新兴资产阶级利益的意识形态，虽然有其阶级局限性，但其理论力图研究资本主义生产方式的内在联系，分析经济现象的本质及其规律性，不讳言阶级矛盾和阶级斗争，有利于反对封建制度的斗争，有利于促进资本主义的发展。因此，古典政治经济学不失为科学的经济学理论。庸俗经济学产生之际正值社会矛盾突出，资产阶级与无产阶级之间的利害冲突日益鲜明之际，无产阶级的壮大已对资产阶级的统治构成威胁。此时，作为资产阶级意识的庸俗经济学就本能地履行其掩盖资本主

---

①《马克思恩格斯全集》第二十三卷，人民出版社 1972 年版，第 593 页。

义矛盾、粉饰资本主义制度、维护资产阶级统治的使命。它完全从理论"对资本有利还是有害，方便还是不方便，违背警章还是不违背警章"① 这个原则出发，给资本主义经济现象的外部联系作表面的肤浅的描述，同时给以有利于维护资产阶级剥削和统治的说明。正如马克思所指出的那样，庸俗经济学把资产阶级生产当事人关于他们自己的最美好世界的陈腐而自负的看法加以系统化，赋以学究气味，并且宣布为永恒的真理。所以，尽管它包含的派别甚多，各树一帜，彼此之间甚至互相攻击，但它们的基本点都是相同的，即它们都摒弃古典经济学的科学要素，如它们都摒弃劳动价值论，用什么供求论、主观效用论或生产费用论等来代替。被马克思批判为"三位一体"公式的萨伊的生产三要素论极力掩盖矛盾，否认危机，为一切剥削收入辩解。生产三要素论"证明"工人没有受剥削，资本家和工人之间没有矛盾，无产阶级和资产阶级之间也不存在对抗。马尔萨斯的人口论也为资本主义剥削辩解，把无产阶级贫困化说成是生物学的增值规律和无产阶级自身愚昧的结果。这些东西都为后来庸俗经济学所接受。所以，不论是英国的马尔萨斯、西尼尔，法国的萨伊、巴斯夏，美国的凯里，还是德国的罗雪尔，他们都根据所在国阶级斗争的环境和民族特点，写了许多旨在反对古典经济学科学原理、抹煞资本主义矛盾和阶级斗争的著作。资产阶级庸俗经济学家中有些人在对若干具体经济问题的分析中和对实际材料的研究方面虽然也提出某些有价值的见解，但就其体系来说都是为资本主义制度辩护的，就其实质来说是反科学的。马克思把它称之为庸俗的政治经济学，理由即在此。

19—20 世纪初，资产阶级庸俗经济学的发展演变大致经历了两个阶段：

第一阶段为资产阶级庸俗经济学产生和形成时期。庸俗经济学

---

①《马克思恩格斯全集》第二十三卷，人民出版社 1972 年版，第 17 页。

产生和形成于 18 世纪末 19 世纪初，这是一个与古典经济学并存的时期。庸俗经济学的开山鼻祖萨伊和马尔萨斯以及导致李嘉图学派瓦解的詹姆斯·穆勒和麦克库洛赫，与古典经济学的完成者李嘉图和西斯蒙第等，差不多都是同时代的人。他们的思想与理论难免不相互影响。本来古典经济学中就含有一定的庸俗成份。随着无产阶级与资产阶级的阶级斗争深入发展，资产阶级就越来越害怕并走上反革命的道路。在这样的阶级斗争条件下，资产阶级需要的已不是对社会经济的科学研究，而是为其利益辩护的理论。出于这种需要，一些资产阶级经济学家就将古典经济学中的庸俗因素分离出来，建立起庸俗经济学的最初体系。这样，资产阶级庸俗经济学就产生和形成了。不过，以李嘉图为代表的古典政治经济学还是这个时期政治经济学领域中的主流。这一时期庸俗经济学的特点是以"注释"和"通俗化"的形式并在"传播"古典经济学的旗号下，将其庸俗化。其间 19 世纪 20 年代之前是将斯密理论庸俗化的时期，自称斯密信徒的萨伊和马尔萨斯利用和"发展"斯密学说中的庸俗因素，来反对李嘉图继承和发展斯密学说中科学因素的经济理论。19 世纪 20 年代是李嘉图门徒将李嘉图理论庸俗化的时期。自称李嘉图门徒的詹姆斯·穆勒和麦克库洛赫，在"维护"和"解释"李嘉图理论的旗号下，将李嘉图理论庸俗化并使其理论体系陷于瓦解。

　　第二阶段是资产阶级经济学进一步庸俗化时期。这大致是在 19 世纪 30—60 年代。庸俗经济学开始取代古典经济学而在资产阶级经济学中占据统治地位。马克思指出："1830 年最终决定一切的危机发生了"，"法国和英国的资产阶级夺得了政权。从那时起，阶级斗争在实践方面和理论方面采取了日益鲜明的和带有威胁性的形式。它敲响了科学的资产阶级经济学的丧钟。……不偏不倚的研究让位于豢养的文丐的争斗，公正无私的科学探讨让位于辩护士的坏心恶意。"① 这个时期庸俗经济学又有了新的特点，即尽管他们还把自己标榜为斯密、李嘉图的继承者（资产阶级经济学家也称其为"古典学派"），但已不再采用"注释"和"通俗化"的方式了，而是寻找一些新的辩护术来为资本主义制度效劳。英国的西尼尔为了替利润辩解提出了"节欲论"，为了替资本家反对缩短工作日辩解又提出了"最后一小时论"；为了歪曲和掩盖无产阶级与资产阶级之间的真实关系，法国的巴斯夏炮制了"经济调和论"，美国的凯里杜撰了"阶级调和论"；为了对抗古典经济学的普遍经济规律，德国出现了李斯特的国民经济学理论和以罗雪尔为主要代表的旧历史学派；为了"企图调和不能调和的东西"，英国的约翰·穆勒拼凑起毫无生气的混合主义和改良主义的经济理论。

随着自由竞争的资本主义向垄断资本主义过渡，资产阶级经济学更加趋于腐朽、反动。与此同时，马克思主义已在广泛传播，无产阶级反对资产阶级的斗争已在不断深入，所以公开地、疯狂地反对马克思主义政治经济学就成了这一时期庸俗经济学的一个突出特点。资产阶级感到只对古典经济学进行"注释"或修补已无济于事，必须提出新的理论。于是出现了两种新的学说：一是承袭了旧历史学派传统的以穆勒为主要代表的德国新历史学派和以凡勃伦为代表的美国制度学派，他们都否认客观经济规律的存在，否认经济规律对资本主义经济的作用；一是把人类社会经济生活归结为欲望及其满足的边际效用学派，它撇开生产和劳动的实际，抓住流通和消费的表面现象做文章，用臆造的主观心理规律来代替客观经济规律。边际效用学派是这一时期资产阶级庸俗经济学的主流，各主要资本主义国家皆有其代表。其中以庞巴维克为主要代表的奥国学派最为典型；在美国则有将边际效用学派与阶级调和论相结合的以克

---

① 《马克斯恩格斯全集》第二十三卷，人民出版社 1972 年版，第 17 页。

拉克为代表的美国学派的边际生产力论；在英国则有将边际效用论与其他各种庸俗经济学凑合在一起的以马歇尔为代表的剑桥学派的新古典经济学，等等。马歇尔于 1890 年发表的《经济学原理》便是这种大综合的标本。20 世纪 30 年代以前，资本主义国家经济理论界由以马歇尔为代表的新古典经济学所统治。马歇尔的经济理论宣称资本主义私有制是合乎人类本性的永恒的制度，失业、贫困和危机这些社会问题都可以得到解决，鼓吹在资本主义社会实行渐进的改良主义。他的理论是当时资产阶级政府制定政策的理论依据。可是到了 19 世纪末 20 世纪初，垄断资本主义的进一步发展使得资产阶级与无产阶级之间的矛盾更加尖锐化了，使许多社会问题尖锐化起来，特别是 1929—1933 年间资本主义世界空前严重的经济大危机，使一向否认危机的传统经济理论失灵了。这一切都和新古典经济学原先所说的背道而驰，面临的社会现实需要用一种新的经济理论来解释。于是，当代资产阶级经济学就应运而生了。

三

当代资产阶级经济学，一般是指 20 世纪 30 年代以来，特别是在第二次世界大战以来各资产阶级流派的经济学说。1929 年世界经济大危机爆发之后，在严重的生产过剩和大量失业的形势下，传统庸俗经济学所坚持的自由竞争、自由放任、经济自动均衡和国家不干预经济的正统理论陷于无法自圆其说的解体状态，垄断资产阶级寄希望于国家调节经济，迫切需要一种适应国家垄断资本主义发展的"新"经济理论。于是，以《就业利息和货币通论》（以下简称《通论》）为代表的凯恩斯的经济学就应运而生了。凯恩斯在其《通论》中提出三个"决定性"的心理因素（消费倾向、资本边际效率和灵活偏好），运用机械的均衡法和数学推理来解释国民收入和就业，无视资本主义基本矛盾，把失业和危机的原因归于"有效需求"不足，鼓吹国家全面调节经济生活。以《通论》为理论基础的凯恩斯的经济学是以标榜与传统经济学有别的"新经济学"面目出现的。它不是就个别经济领域论证政府必须干预经济，而是提出一套由政府全面调节国民经济的理论和政策。但它又不像制度学派或历史学派那样把制度结构分析作为出发点，而是在资本主义制度的前提下，运用数量分析来进行论述的。所以，凯恩斯的经济学一出现就受到垄断资产阶级的欢迎，而凯恩斯的《通论》也就成为资产阶级政府调节、管理经济和制定对内对外政策的理论依据。于是，凯恩斯的经济学就成为当代资产阶级经济学的"正宗"，在这个已取得统治地位的凯恩斯主义面前，一切作为"异端"的资产阶级经济学在理论上都只能处于非正统和非主流地位，它们的政策主张虽有某些独到之处，但却不能被资产阶级政府所采纳。它们影响甚小，论战不力，不是凯恩斯学派的对手。在这种形势下，凯恩斯主义盛极一时。但到 20 世纪 60 年代后期和 70 年代初，资本主义发达国家相继爆发了好几次严重的经济危机，凯恩斯主义受到了来自多方面的挑战。于是，与凯恩斯主义相抗衡的被视为非正统的"异端"学说终于又活跃起来，纷纷指责凯恩斯主义，它们把失业与通货膨胀归罪于凯恩斯主义的政策主张。而凯恩斯主义的追随者们当然不甘于忍受这种责难，纷纷为凯恩斯主义辩白，为凯恩斯学说进行修补或重新作出解释，这又出现了新凯恩斯主义。于是，凯恩斯主义派别和凯恩斯主义以外其他派别都从维护资本主义制度这一立场出发，纷纷出来解释资本主义社会的现实问题，从各自的角度继续为资本主义制度进行辩护和出谋划策。当代资产阶级经济学流派甚多，五花八门，"正宗"与"异端"同时并存，主要流派有凯恩斯学派、新古典综合派、新剑桥学派、现代货币学派、新制度学派，等等。它是资产阶级经济活动的指南，是资产阶级政府制定对内对外政策的理论依据。

尽管当代资产阶级经济学流派众多，但它们的世界观和方法论基本上都是历史唯心主义和形而上学的，与无产阶级用以研究社会生产关系的辩证唯物论和历史唯物论都是根本对立的。当代资产阶级经济学虽然被划分为许多流派，但它们在对马克思主义政治经济学态度上、在对资产阶级剥削行为的辩护上、在对资本主义制度的永恒性的看法以及它们对资产阶级统治的基本立场上是如出一辙的，当代资产阶级经济学各派经济学家为了保持自己的影响，不得不略加修改自己的辩护术，对传统的辩护理论不得不持一点批判态度。如当代资产阶级经济学不得不承认资本主义经济的状况不佳、不稳定，并力图借助新的措施来振兴资本主义经济。正如当代资产阶级经济学家哈里斯所说，他相信资本主义制度如不加以改造，就经不住考验，如果不给资本主义经济制度做外科手术，它就不能活下去。

与传统庸俗经济学相比，当代资产阶级经济学确有一些变化。例如，当代资产阶级经济学企图挽救资本主义制度，抵制生产过剩危机和大批失业。其办法就是由政府采取一系列措施，如借助税收和信贷政策，给予补助金和进行订货等，鼓励私人投资，增加国家投资，首先是增加军工部门的投资，收购剩余产品建立国家商品储备。同时通过消费信贷，鼓励个人消费。实行上述政策措施以挽救濒于破产的企业，等等。资本主义国家政策上的这些改变，都与国家垄断资本主义的进一步发展有关。这意味着国家对经济生活干预的加强。为了对国家干预经济进行理论指导并为其相应措施及行为辩解，这就需要对传统理论加以修正。但是，当代资产阶级经济学的这些演变并不意味着它放弃传统庸俗经济学的理论基础。相反，它仍然相信庸俗经济学的价值、工资和利润等基本理论。这些表明了它与传统庸俗经济学的血缘关系，故又称之为当代资产阶级庸俗经济学。对其庸俗方面我们要揭露，要批判。但是不可否认，当代资产阶级经济学理论是以资本主义社会化大生产、高度发达的资本主义商品经济为对象的，其中某些理论和方法在社会主义的计划管理中也是可以借鉴的，比如当代资产阶级经济学中关于投资乘数作用的分析、投入产出的分析、国民经济核算方法、比较成本和比较利益的研究、经济计量方法，等等。当代资产阶级经济学研究的问题很多，如能源问题、人口问题、经济效益问题、市场问题，等等，这些问题在我国现阶段也都不同程度地存在着。资本主义国家解决这些问题的某些成功经验和方法，也值得我们参考借鉴。

总之，资产阶级经济学经过自身演变，由资产阶级古典经济学演变为资产阶级庸俗经济学，又由庸俗经济学演变为当代资产阶级经济学。无论古典经济学家、庸俗经济学家，还是当代西方资产阶级经济学家，除其中个别代表人物外，一般都否认剩余价值论，否认剥削是资本家阶级和土地占有者等一切剥削集团收入的来源。所有资产阶级经济学家完全否认资产阶级与无产阶级之间无法解决的对抗矛盾，并声称这些矛盾在资本主义制度下可以获得解决。尽管西方资产阶级经济学经历了几百年发生、发展和演变的过程，但是它的辩护实质始终没有变化，它始终是资产阶级进行经济活动的指南和维护自己统治的理论武器。

凯恩斯的《就业利息和货币通论》评述*

1929—1933 年世界规模的经济大危机，震撼了整个资本主义世界经济体系，英国首当其冲。资产阶级传统庸俗经济学中的一切否认经济危机的理论都宣告破产，不能适应在新形势下为资本主义辩护的需要，更不能满足资产阶级国家指导垄断资本主义运行与发展的需要了。于是凯恩斯主义就应运产生。

一、《就业利息和货币通论》的发表及其在西方的影响

1936 年凯恩斯的《就业利息和货币通论》（以下简称《通论》）的发表，标志着凯恩斯经济理论体系的形成。《通论》的发表把凯恩斯在此之前陆续提出的经济学说及政策主张理论化、系统化了。《通论》中提出一套与传统庸俗经济学不同的就业理论和政策主张，鼓吹通过国家干预经济，能使资本主义经济克服危机，达到均衡发展，从而为资本主义国家的政策措施提供了"理论上的支撑"。凯恩斯一反传统庸俗经济学否认危机的老调，承认危机的存在，在一定程度上解释了现实；又提出其"消除危机，实现充分就业，促进经济繁荣"，以求摆脱危机困境的政策主张。所以，受危机冲击的西方国家资产阶级都寄希望于《通论》精神的实施，以图获得振兴经济的力量。西方经济理论界吹捧凯恩斯主义为"凯恩斯革命"，把它说成是新经济学。有人甚至把它比作斯密的《国富论》，李嘉

---

* 本文原载于《贵州社会科学》1986 年第 11 期。

图的《政治经济学及赋税原理》。更有甚者，竟荒谬地把它同马克思的伟大著作《资本论》相提并论。凯恩斯也因此成为了西方资产阶级所公认的世界十大经济学家之一。《通论》为何这样"红极一时"呢？最主要的有两个方面的原因。

其一，被迫承认经济危机，帮助垄断资产阶级解释了西方生产过剩危机的现实，把危机说成是有效需求不足造成的。说什么只要增加有效需求，在不改变资本主义制度的条件下就可以消除危机。这样，以《通论》为理论基础的凯恩斯主义就成为在新形势下保护资本主义制度的理论工具，成为垄断资产阶级利用国家垄断资本主义获得高额利润的理论指南。

其二，《通论》的矛头是直接指向马克思主义的。当时美国一位凯恩斯主义分子哈里斯就曾经露骨地写道：凡是相信……能够带来很大程度的政治目的和经济安全的人，都会欢迎凯恩斯，把他看作是反对共产主义的支柱和我们制度的拯救者。他的这番话，表明垄断资产阶级对待凯恩斯主义态度的阶级实质。

二、《就业利息和货币通论》中所阐述的主要经济理论

《通论》中反复阐述论证的是资本主义社会的就业理论、投资理论和危机理论。

就业理论是凯恩斯撰写《通论》的目的和宗旨，是《通论》中阐述的中心内容。凯恩斯反对传统庸俗经济学奉行萨伊定律"供给自行创造需求"说，指责他们否认需求不足而导致失业的存在。他列举资本主义社会大量失业存在的事实，指出大量失业工人的存在是资本主义社会不稳定和动乱的原因，是可能诱发革命的因素。这就是他为什么重视就业问题的真正目的所在。

凯恩斯就业理论的中心，是认为资本主义社会之所以存在大量失业是因为全社会"有效需求"不足，即投资需求不足和消费需求

不足同时存在。前者表现为企业投资萎缩，后者表现为消费太低。有效需求决定就业量是凯恩斯就业理论的出发点。这里，凯恩斯着眼于宏观经济分析，对象是社会经济总量。他认为，一个国家在一定时期内的就业量决定于社会的总需求或有效需求，决定于总供给等于总需求的均衡状态。如果总需求或"有效需求"不足，即消费需求不足和投资需求不足，那就达不到充分就业。凯恩斯说，资本主义社会，消费需求之所以不足，是由于"心理上的消费倾向"（意指收入增加，消费也随之增加），但消费的增加赶不上收入的增加，是边际消费倾向递减所致。凯恩斯强调，要消灭失业就要解决有效需求不足的问题，其办法就是多消费、多投资，但增加消费又受社会消费倾向的影响，边际消费倾向又是递减的，这就决定了必须增加有效需求。但用增加消费的办法，潜力不大。所以，要解决有效需求不足的问题，主要靠增加投资。投资是就业的决定因素，投资的高水平决定了就业的高水平。

　　投资理论是凯恩斯就业理论的重点，其目的就是要探讨哪些因素影响和决定投资量。他指出：当前投资量决定于投资引诱，而投资引诱又决定于两个因素：其一是资本的边际效率；其二是贷款的利息率。凯恩斯论证说，资本家决定投资与否以及投资多少，就看他的投资能否带来利润和利润多少，而这又取决于两个因素：一是资本的边际效率；二是利息率。资本的边际效率越高，资本家就越肯投资；利息率越高，资本家就越少投资；反之，利息率越低资本家就越肯投资。资本家的投资量主要取决于资本的边际效率扣除利息率后的预期纯利润率。其中，资本的边际效率是决定投资量的诱发因素，利息率是决定投资量的弹性因素，资本的纯利润率是决定投资量的决定因素。但在凯恩斯看来，资本的边际利润率和利息率又最终受"三个基本心理因素"（即消费倾向、对资本未来收益的预期、流动偏好）所影响。心理上的"消费倾向"决定消费需求；心理上"对资本未来收益的预期"决定资本的边际效率；心理上的

"流动偏好"（和货币量）决定利息率。

凯恩斯还分析了投资对就业的作用，认为失业是由于有效需求不足引起的，尤其是投资需求不足引起的。解决失业的唯一办法是投资，而投资主要是要国家投资。他指出，不能把决定当前投资量之职责放在私人手中，国家投资能起到"药到病除"的作用。同时，他认为投资的小额变动会在就业上引起巨大的变动，投资的较小的增加就会引起就业量的增加。他说，投资数量变动时，却能使得总就业量与总所得之变动程度，远远超过投资量本身之变动。这种现象，有了乘数原则以后就得到了解释。凯恩斯把这一比例关系称之为"投资乘数"或"投资倍数"原理。为了使这个原理能够成立，凯恩斯还列举出下述例子：如政府增加 1 万元新投资，必先用来购买生产资料，于是这 1 万元就增加了对生产资料的需求，成了生产资料部门的收入；如果这个部门把这笔收入全部用于消费，那么生产消费资料的部门又必将增加 1 万元的需求与收入。这样互相推动下去，收入和就业便可以增加了又增加，一直达到充分就业。因此，凯恩斯得出结论说，在投资与收入、投资与就业之间有一种倍数关系存在：投资与收入之间的这种比例关系叫作"投资倍数"；投资与就业之间的这种比例关系叫作"就业倍数"。这个倍数的大小，要看这种新投资所直接引起的收入，究竟以什么比例增加消费而定。他说倍数的大小决定于消费倾向（包括生产消费和生活消费）。边际消费倾向愈大，则倍数愈大。为了表明"乘数原理"的科学性，凯恩斯还建立起以下推导公式，即投资倍数的计算公式：

$$K=\frac{\Delta Y}{\Delta I}=\frac{\Delta Y}{\Delta Y-\Delta C}=\frac{1}{1-\dfrac{\Delta C}{\Delta Y}}$$

（式中 ΔI 代表投资增量，ΔY 代表收入增量，ΔC 代表消费增量，$\Delta C/\Delta Y$ 代表消费倾向）

从上式表示的关系来看，边际消费倾向越高，则投资乘数就越大。设该例中边际消费倾向为 80/100，则投资乘数 $K = \dfrac{1}{1-\dfrac{80}{100}} = 5$
倍。比例说明，若增加投资 100 万元，则增加总收入为 500 万元。
通过对上例投资倍数的推算，他更坚持政府投资能推动国民收入成
倍增长的观点。

凯恩斯的危机理论是在论证就业理论、投资理论以及进一步分
析资本主义经济运行情况的基础上提出来的。他认为，决定就业和
投资的一切因素，如"三个基本心理因素"对资本主义经济运动与
循环都起着作用，但作用最大的还是资本之边际效率之循环性变
动。按凯恩斯的理论体系，消费倾向不变，就业量取决于投资量；
利息率不变，投资量取决于资本的边际效率；而危机的主要原因在
于"资本之边际效率突然崩溃"。

资本之边际效率何以突然崩溃呢？凯恩斯认为，投资需求决定
于资本家对资本未来收益之预期。预期乃是一种估计，它随着资本
家的情绪变动而经常变动：情绪高时，估计过高；情绪悲观时，估
计过低，预期很难适中。资本家在投资市场上都各行其事。一旦发
现市场情形与自己预期的不符，情绪失常，对市场便作出急骤的反
应，因而引起资本边际效率的剧烈变动。凯恩斯又把资本边际效率
时高时低的这种变化，称作资本边际效率的周期波动。资本边际效
率高时造成经济循环的上升阶段；资本边际效率低时造成经济循环
的下降阶段。在这个阶段，资本边际效率继续下降，降到极低点，
投资停止，结果造成停滞与危机。危机经过一段时间以后，资本主
义经济会缓缓复苏，系资本边际效率复苏所致。凯恩斯说，资本之
边际效率在危机时期降到最低点，甚至是负数。经过一段时间，由
于销售、使用、陈旧、损坏，资本物逐渐稀少起来，存货售完，利
息率低，投资市场对资本家又滋生一种新的吸引力量，资本家情绪
又逐渐乐观起来。资本边际效率逐渐提高，投资市场开始活跃，于
是又造成经济高涨，结果投资量猛增，失去均衡，资本主义经济运

行又会出现困难。如此循环往复，周而复始。这就是凯恩斯对资本边际效率突然崩溃的原因的解释，也是他对资本主义经济发展中产生危机及其周期循环的原因所作的解释。

凯恩斯认为，要使社会生产迅速增长，使人们经济生活正常化，必须克服危机。克服的有效办法是让政府实行若干调节政策。他认为，最聪明的办法还是双管齐下。设法由社会来统制投资量……用各种政策来增加消费量。凯恩斯在其《通论》中，自始至终把"三个基本心理因素"看成决定消费与投资以及经济均衡发展的根本力量。所以，他认为克服危机的一项重要措施就是要政府调节这三个基本心理因素，以增加有效需求，从而实现充分就业和消除危机。为了实现此目的，凯恩斯敦促政府实施有关财政政策和金融政策，予以保证。通过有关财政政策，国家对经济实行干预，如实施"公共投资政策"和"举债支出政策"来扩大政府支出和社会支出，以增加有效需求；实施高额累进税政策来缩小财富不均的幅度，增加政府支出的财源，以增加消费和提高就业水平。通过有关金融政策来广泛刺激投资，大大增进就业量；实施低利息政策，鼓励私人投资，增加收入和就业；实施"有节制"的通货膨胀政策，通过降低工人实际工资，以增加资本家的利润，从而鼓励投资，扩大就业。总之，凯恩斯渴望通过上述财政、金融政策的实施，能够克服危机，实现资本主义经济在近似繁荣的水平上稳定增长。

三、《就业利息和货币通论》发表 50 年来的回顾及其评价

凯恩斯以 1929—1933 年世界资本主义大危机为背景，于 1936 年发表了《通论》，主张把自由放任的私人资本主义转变为政府干预的国家垄断资本主义，妄想拯救资本主义制度濒临覆灭的命运，以对抗马克思所论证的无产阶级革命道路。他采取了和传统庸俗经济学颇为不同的做法，来为资本主义辩护。

凯恩斯以《通论》为基础的理论体系，认为要摆脱困境必须改变政策。传统庸俗经济学强调健全财政原则，坚持传统理财方针。《通论》不惜笔墨，大肆鼓吹扩大政府开支，推行赤字财政和通货膨胀政策，如此等等，标新立异。战后几十年来，西方各国都在竞相推行凯恩斯的扩张刺激政策，给危机中的资本主义经济注射"激素"，确实收到一定"疗效"。20世纪50—60年代，西方各国经济都有很大增长。各国凯恩斯主义者对此大为陶醉，欢呼"凯恩斯时代"。但是凯恩斯的理论政策主张都是错误的，用它们指导资本主义经济，只能头痛医头，脚疼医脚。即便能收效于一时，但那也是"饮鸩止渴"，必然萌生新病。主要资本主义国家由于长期推行凯恩斯的那一套理论和政策主张，不但没能医治好资本主义经济的旧病，没有持续而彻底地解决大量失业和经济危机，反而引起了一系列新病，造成了持续的通货膨胀，结果导致生产停滞与通货膨胀并发症的产生，西方又称此为"滞胀病"，成为西方世界双重的"社会瘟疫"。《通论》中所阐发的理论和政策主张前一时期在英美推行得最为彻底，所以那里的"滞胀病"也最为严重。20世纪70—80年代初，英、美垄断资产阶级的统治集团不得不摒弃凯恩斯那一套理论和政策主张，另谋对策。美国等西方国家经济学家便由率先信奉国家干预主义又回到原先经济自由主义传统上来，旨在寻找摆脱"滞胀病"的出路。于是，凯恩斯的经济学就从长期占据的"官方经济学宝座"上败退了下来。但这并不意味着凯恩斯主义从此就退出历史舞台，销声匿迹，不起作用了。事实上，它的影响仍渗透到资本主义社会经济的各个方面。

纵观半个世纪以来资本主义世界经济的风云变幻，凯恩斯的经济学从兴起到鼎盛，在西方世界风靡一时，然而好景不长，终遭摒弃。这个变化过程表明，垄断资产阶级想要借助凯恩斯用国家垄断资本主义取代私人资本主义的方案，来拯救资本主义和对抗社会主义革命道路的企图，是永远不能实现的。凯恩斯在《通论》中对资本主义经济危机原因的分析是违背事实的，是恰恰倒因为果的。实际上是危机影响着资本家的情绪，而不是资本家的情绪导致危机。他对资本主义危机病因的分析是肤浅的，只抓住资本主义经济的一些次要的表面现象进行理论概括，得出什么"有效需求原理"和"三个基本心理因素"。这不是科学的抽象，而是地道的唯心主义概括。凯恩斯还得出结论说，资本主义制度下之所以存在失业和危机，主要是由于"有效需求不足"和"三个基本心理因素"失调所引起的，医治的药方就是增加"有效需求和调节"和"三个基本心理因素"。这完全是一种误诊，自然谈不上"对症下药"。除了阶级局限性之外，就是理论的贫乏。他完全抹煞资本主义剩余价值剥削这个生产关系，找不出来"资本主义生产的真正限制在于资本本身"这一真理。它完全没有触及资本主义基本矛盾：生产社会性与生产成果的资本主义私人占有制之间的矛盾。这就注定了凯恩斯主义必然失败的命运。

但是，不管怎样，凯恩斯主义总是标志着资产阶级政治经济学发展史上一个新阶段。这一事实决不因它盛衰兴败的变化而改变。它标志着资本主义衰落进程中的一个历史转折：由私人垄断资本主义实行经济自由放任，转变为国家垄断资本主义实行政府干预经济。《通论》中关于这一历史性转变的论证同斯密《国富论》中所积极提倡的自由放任主义一样，都是资产阶级政治经济学发展史上的里程碑。后者是适应新兴资本主义极欲摆脱封建主义的束缚而谋求自由发展的历史需要，而凯恩斯的《通论》则处在资本主义经济衰落的紧急阶段。为缓和社会矛盾，拯救资本主义经济免于危亡，从而改变自由放任的理论模式，采取政府干预经济，以图变资本主义为"可调节的资本主义"的方案。这也是适应当时资本主义经济危急局势的迫切需要的。凯恩斯的经济理论及其政策主张虽然没能治愈资本主义痼疾，但它们毕竟在一定时期和一定程度上对资本主义基本矛盾起着镇定剂的缓和作用，收到"一时之效"。因而西方各国战后能够在一定时期内暂时避免了 20 世纪 30 年代那样严重的经济大危机，并能在 20 世纪 50—60 年代，使各国经济都有所增长。这说明：凯恩斯主义虽然不是什么科学体系，但却收到一时之效，我们对它不能简单行事。不加分析地完全予以肯定或完全否定，都不免失之偏颇。要认真予以研究，找出它对我们进行社会主义经济宏观经济管理有无可供启示与借鉴之处。

资产阶级经济学的宏观经济理论是在《通论》基础上形成和发展起来的。《通论》中阐述的宏观经济学以成熟的资本主义市场经济作为理论分析的对象和范围。它是对一国的总生产、就业水平和物价水平进行总量分析的经济理论，也是资本主义国家政府为实现充分就业、物价稳定和经济增长等政府目标的理论基础。宏观经济学有关总量分析的目标和方法具有普遍的意义。我国现阶段社会主义经济是一种有计划的商品经济。宏观经济学关于总量分析的方法也适用于社会主义经济。事实上，不论是资本主义经济还是社会主义经济，只要是建立在现代化大生产基础上的大规模经济，就要考虑宏观控制和宏观调节问题，否则恐怕是难以立足的。宏观经济学关于一国经济如何实现充分就业、物价稳定、国际收支平衡、经济均衡增长等目标，以及关于总投资、国民收入、国民总产值、总需求、总供给等范畴与指标，政府运用财政和货币政策这些经济杠杆，对市场经济进行调节等这些宏观方法，任何一个国家都可以有分析地加以运用。例如，我国四化建设的现阶段要实行国民经济有计划按比例发展，对国民经济各部门、各地区必须实行宏观调节和宏观控制，这就必然涉及一系列总量以及它们之间的平衡问题；要实现各项宏观战略目标，要实现国民经济综合平衡，必须借助总量分析，运用宏观调节以达到各种总量之间的供需平衡。所以，我们应该有选择地学习和运用宏观经济学中的一些总量分析方法，这是我国四化建设的需要。

西方经济学经济发展理论述评 *

发展经济学关于经济"不发展"的标志通常是按人均的国民收入和资本积累率低于欧美人均数来解释的。其主要代表人物声称，发展经济学的任务是研究发展中国家经济落后和人民生活贫困的原因等一系列问题，强调经济发展的目的不仅是要实现工业化，而且要通过适当的经济措施和社会措施，使发展中国家人民尽快提高生活水平，有效地分享经济发展的成果。同时，它重视国家政权及其政策运用对经济增长的作用，主张政府制定协调性的经济计划，以影响经济增长。

西方经济发展理论是以资产阶级经济学的观点和方法分析发展中国家的经济发展问题，它把发达国家过去经济发展的经验和反映资产阶级利益的经济学说套用到发展中国家的经济发展上，其目的在于使这些国家继续保持和发展原有的经济和政治关系，继续充当发达国家商品和资本输出的市场，加入资本主义世界体系的行列。

本文试就发展经济学的主要理论进行简略的述评。

一、发展经济学对发展中国家经济特征的分析

发展经济学认为，阻碍不发达国家经济的发展，使其处于经济落后和生活贫困的原因，不同发展中国家是不相同的，不仅有资源、人口、资本、技术等经济方面的原因，而且包括政治、社会和

---

* 本文原载于《安徽大学学报》（哲学社会科学版）1988 年第 1 期。

文化等方面的原因。发展中国家经济的基本特征有以下几种：第一，人均产值和收入低。占世界总人口三分之二以上的发展中国家仅占世界国民生产总值的15％，按国民收入而言，整个发展中国家只占世界国民收入的20％。第二，人口增长率高。1980年整个发展中国家人口平均自然增长率为2.2％，而发达国家则在1％以下。第三，失业率高。大多数发展中国家一方面存在人口增长的压力，每年有越来越多的新增加的劳动力等待就业，另一方面经济增长率低和投资不足，吸收劳动力少，造成有形的失业。此外，还有隐蔽形的失业，即从形式上看，一部分劳动力得到了就业机会，但社会生产没有因此而增长。第四，劳动生产率低。一般而言，发展中国家存在自然资源不足、技术落后、文化教育水平低、技术管理人才缺乏等情况，劳动生产率比起发达国家低得多。第五，贫困人口多。人均每年收入在50—75美元（以1970年不变价格计算），一般被视为仅能维持最低生活水平的收入。发展中国家35亿人口中有13亿人口的收入处于这样的水平。此外，占发展中国家人口一半的人均年收入还在50美元以下，他们处在国际贫困线上。第六，收入分配不均。整个发展中国家人均国民收入不及发展中国家的十四分之一，在发展中国家内部贫富差距也在扩大。第七，农业在国民经济中占有优势地位。在大多数发展中国家的国民经济中，农业总产值占46％以上，农业就业人数占总就业人数60％以上。第八，对外贸易从属于殖民主义贸易关系。发展中国家向发达的宗主国输出初级产品和原料，从"中心"国家进口工业制成品，对外贸易中旧殖民主义格局还没有被打破。

　　以上几方面是发展经济学对发展中国家经济基本特征的分析和概括。这些特征既是经济不发展的结果，又是现在经济发展受阻的原因。

二、二元经济结构与经济发展理论

发展经济学的二元经济结构理论认为，发展中国家的经济是由比重很大的传统的落后的农业经济和比重很小的现代化工业经济组成的。前者劳动生产率极低，劳动者仅能维持最低生活水平；后者是劳动生产率较高的现代化城市工业。发展经济学认为，二元经济结构的一个特点是劳动的供给总是过剩的，劳动力供过于求的状况决定了扩大生产所需劳动力的价格不会提高。由于工资成本不会增加，利润有保证，促使资本家不断进行投资，通过扩大投资，促进工业现代化，促进经济增长。

如何指导发展中国家经济增长？在 20 世纪 50 和 60 年代前期，发展经济学关于经济增长理论主要受哈罗德-多马增长模型的影响，以后又受罗斯托关于经济成长阶段论的影响。

哈罗德-多马增长模型认为，一国必须把国民收入中的一定量用作储蓄，以便除了补偿原有资本物质损耗，维持原有生产规模外，用以作为生产资本的追加。作为投资表现的资本量的任何净增加，都将使国民总产品发生净增加。哈罗德和多马把投资和产量之间的这种对应关系称为资本-产量比例。罗斯托根据哈罗德-多马的经济增长模型，提出了经济成长阶段论。他认为，经济增长的重要方式是增加国民收入中的储蓄比例。增加储蓄比例，就能推动经济增长率的提高。他认为，经济增长可归结为增加储蓄和投资。如果一个国家能够从国民收入中储蓄 15％－20％，这个国家的经济就会有一个更高的增长率。在罗斯托看来，发展中国家经济之所以发展缓慢，就在于这些国家的储蓄率和资本形成的水平低。作为一种补救的办法，可采取吸收外援或外国资本的办法来增加投资，以促进经济增长。由此，罗斯托认为，发达国家应对发展中国家进行大量的资本援助。

三、国际贸易与工农业发展理论

国际贸易对经济增长起什么作用呢？比较利益学说是现代资产阶级外贸理论的基础。一些发展经济学家根据李嘉图的比较利益（比较成本）学说主张发展对外贸易，因为对外贸易是根据两国商品的相对成本而不是根据其绝对成本。从比较利益来说，对外贸易对两国均有利。由此，一些发展经济学家认为，如果每个国家专门从事成本比较低的产品和劳务的生产，那么世界的经济产出（经济增长）将能达到最高限度。发达国家的经济学者和政界人士正是以比较利益为依据，鼓吹殖民地、附属国和发展中国家应集中力量生产粮食、矿产品和其他初级产品，发达国家则生产工业产品。因为在他们看来，经济落后国家劳动力资源丰富，资本缺乏，相对优势在劳动力方面；而发达国家资本充足，相对优势在资本方面。在他们看来，比较利益学说是发达国家与发展中国家之间进行贸易的理论指导。

发展经济学还提出了发展工业的理论，这是一种有计划地发展国内工业以替代进口工业品的发展战略。他们认为，这样做一则国内工业产出可以多样化，二则可以建设国内基础设施，如道路、桥梁、港口、铁路、水运、航空、电报、电话等运送物资和传递信息的交通运输设施以及教育和卫生设施等。这样就可以建设本国工业体系，生产以前进口的产品，加强本国经济，减少对进口工业品的依赖。发展经济学家认为，发展中国家实现工业发展，开始可以生产和出口初级产品（如农产品），有些初级产品扩大出口是有利的，因为农产品的生产使用劳动力较多，扩大出口使剩余劳动力找到了出路。同时，初级产品出口是换回工业机器设备的必要手段，它为实现进口替代工业化准备了物质条件。发展中国家的发展方式大致是，开始时应实行初级产品出口，同时进行进口替代；从进口替代转为面向出口；最后实行出口替代，以工业制成品出口代替初级产品出口。当然，有些发展经济学家对这条道路能否成功也表示怀疑。

关于农业发展理论。发展经济学家认为，在工业化中必须兼顾农业的发展，否则势必进口粮食；把有限的外汇用于进口粮食，必然削减工业化所需的资本，削减技术和管理手段的引进。同时，发展中国家人口在增长，人均收入也有所增加，粮食的需求收入弹性比发达国家高。此外，农业发展还可以为工业品提供市场，为其他经济部门提供储蓄，为社会提供就业机会。

发展经济学家对农业发展的重要性的认识是在总结过去经验教训中得出来的。发展经济学的传统理论，曾把农业看作为工业化提供充足的廉价粮食和劳动力、以适应工业的发展的部门，而把工业看作经济发展总战略中的"领导部分"，强调农业必须支持工业。后来，特别是 20 世纪 70 年代以来，逐渐地改变了对农业的这种看法，认为农业部门在经济发展中绝非一个支援部门，而是任何总战略中的一个朝气蓬勃的主导部门，农业和农村的发展是现代国民经济发展的绝对必要条件。所以，在决策方面，他们将重点转移到农业和农村的发展上，不再强调迅速工业化。

如何发展农业呢？发展经济学认为，要推广农业科学技术的研究及其成果在农业中的应用。他们还认为，农业中技术改良决不只限于某个环节的改良，而是依靠平整土地、灌溉保水、适时施肥、及时除草等一整套耕作技术的配合。所以，对先进科学技术必须广为宣传与推广应用，使农民懂得并确信科学种田的优越性，确信农业技术的改良会带来农业的高产。

机械化可以发展农业生产，提高农业劳动生产率。这是发展经济学家的主要观点。但他们当中有的人又认为，实行农业机械化，机器代替劳动会导致农村失业的加剧；而且在某些发展中国家，机械化的受益者并非广大小农，而是农村的富裕阶层，因为小农无力购买机器，也不易得到贷款，所以机械化使农村收入分配更加不均。

四、利用外资促进经济发展

关于利用外资理论，发展经济学认为，从宏观分析看，总收入等于支出，这是个恒等概念的公式。因为投资、储蓄、进口和出口是经常独立变动的，所以发展中国家必须作出调节；如果国内储蓄缺口大于外汇缺口，就必须削减投资或增加储蓄。相反，如果外汇缺口大于国内储蓄缺口，就必须削减进口或增加出口。

发展经济学认为，国家固然可以调节两个缺口，使之趋于平衡，但两个缺口的不均衡是不可避免的。两个缺口不平衡使外资引进成为必要，而恰当的外资引进可以助长出口能力，提高国内储蓄水平，使两个缺口的失衡现象趋于平衡。同时，一些发展经济学家已经认识到，现今跨国公司已成为发展中国家借用外资的主要来源。跨国公司所提供的外资虽然对发展中国家国际支付差的情况有所改善，但它们又给这些国家的经济、政治等方面造成一系列恶果。跨国公司的利益（利润的最大化）与发展中国家利益绝不是一致的，无论从理论上还是从实践上看，这个结论都是成立的。

综上所述，西方发展经济学虽尚未形成一个完整的经济学体系，但它所涉及的内容却相当广泛，本文仅择其要点作简要介绍。发展经济学是由西方经济学家溯及发达国家的既往经验及其经济增长理论，用资产阶级经济学的观点和方法来分析和研究发展中国家的经济发展问题，企图论证发展中国家如何按照发达国家经济增长模式而发展成为发达资本主义国家。发展经济学名为研究发展中国家的经济增长和经济发展问题，为它们安邦建国、发展经济提供理论指导，实为促使发展中国家"发展"成为资本主义大国的经济附庸。当代西方发展经济学是从资产阶级古典经济学的庸俗成分中吸取理论营养的，在其理论分析中，自始至终贯彻着新古典学派关于经济增长和经济发展的基本观点，并使之成为发展经济学的一般理论基础。在发展经济学中，还有一些公然为发达国家与发展中国家之间不平等关系辩解和为帝国主义利益辩护的论点，这些都表明当代资产阶级发展经济学具有明显的庸俗性质。

西方经济增长理论述略[*]

一、西方经济增长理论的演变及其模型

（一）凯恩斯经济增长理论的提出与发展

凯恩斯为适应垄断资本追求经济增长的需要，曾使用静态分析的方法，以社会现有劳动力的技能和数量、现有资本设备的质量和数量、现有生产技术、社会结构、厂商间的竞争程度、消费者的爱好和习惯以及各种经济过程的负效用等不变为前提，对资本主义经济发展的均衡状态进行了比较分析，从而奠定了经济增长理论的初步基础。但凯恩斯的门徒们认为，这种静态分析方法已不能适应资本主义社会今天复杂多变的经济发展形势的需要，尤其是不能适应资产阶级政府制定长期经济政策的需要。他们认为，必须把凯恩斯理论加以"长期化""动态化"。当代资产阶级经济学中的经济增长理论就是这样产生和发展起来的。

第二次世界大战后，西方时兴起来的经济增长理论，则是把凯恩斯的短期静态分析发展为长期动态分析理论。其实，这种增长理论并不是具体地分析和论证资本主义经济的实际发展变化，而是沿用传统经济学的均衡分析法，在各种假设的前提下进行纯粹形式逻辑的推导并以此来论证资本主义经济的所谓均衡增长问题。

（二）哈罗德-多马经济增长模型

英国哈罗德与美国多马都曾努力把凯恩斯的比较静态分析加以

＊本文原载于《安徽财贸学院学报》1988 年第 2 期。

"长期化""动态化",并分别论证了其内容基本相同的动态均衡条件。哈罗德和多马关于资本主义经济均衡增长的公式被西方经济学界称之为哈罗德-多马经济增长模型。它成为资产阶级经济学中经济增长理论的基础。后经其他经济学家不断地发展和完善,经济增长理论目前已发展成为宏观经济分析的一个重要方面。

哈罗德和多马在分析经济增长条件时,以凯恩斯关于储蓄等于投资这一基本理论为依据,以他的收入决定论为理论基础,自 1939 年起分别发表了自己的经济增长模型①。因为他们的增长模型都试图说明稳定状态下的经济增长所需要的条件问题,同时又都比较强调非充分就业和很难实现稳定的均衡增长这一凯恩斯思想。故西方经济学界称之为哈罗德-多马增长模型。他们的经济增长模型的基本公式是:

$$G_W = \frac{s}{k} \text{ 或 } G_W \cdot k = s$$

式中 G_W 代表经济均衡增长所需要的收入或产量增长的百分数。如上期产量为 100,本期产量为 104,则 $G_W = 4\%$;k 代表资本-产量比率,又称资本系数,表示平均每增长一个单位产量或收入时应增加的资本量。如假定制造 1 美元的产品所需厂房、设备和原材料等方面为 3 美元,则 k=3;s 代表储蓄对收入之比,称为储蓄率。如假定全社会每 100 美元收入中用于消费的为 80 美元,用于储蓄的为 20 美元,则 s=20%。现在用 Y 代表收入或产量,用 △Y 代表本期收入的增量,用 I 代表投资,用 △K 代表本期净增的资本量,用 S 代表储蓄。则哈罗德-多马的上述公式又可转化为:

$$G_W = \frac{\Delta Y}{Y}, \quad k = \frac{\Delta K}{\Delta Y} \left(k = \frac{I}{\Delta Y} \right), \quad S = \frac{S}{Y}$$

---

①英国哈罗德于 1939 年发展了《论运态理论》,以后于 1948 年又发表了《动态经济学导论》,他在其著作中明确提出了自己的经济增长模型;与此同时,美国多马也于 1946—1947 年先后发表了《资本扩大、增长率和就业》《扩张和就业》等多篇文章,他在其文章中也提出了自己的经济增长模型。

因此，$G_W \cdot k = \dfrac{\Delta Y}{Y} \cdot \dfrac{\Delta K}{\Delta Y} = \dfrac{I}{Y}$

而 $G_W \cdot k = s = \dfrac{S}{Y}$，故在均衡状态下，

$\dfrac{I}{Y} = \dfrac{S}{Y}$，化简得：$I = S$。

所以哈罗德-多马的基本公式 $G_W \cdot k = s$ 就是凯恩斯的"I=S"的同义语。这就是哈罗德、多马论证经济增长的条件：取决于投资，取决于全部 S=I。哈罗德-多马增长模型的经济意义在于，它认为，为了国民经济的增长，社会必须以国民总产品的一定比例进行储蓄，并把这部分储蓄转化为投资，投资越多，增长也越快。

（三）后凯恩斯主流学派经济增长模型

后凯恩斯主流学派的经济增长理论与哈罗德-多马增长模型不同。前者认为，在经济增长过程中不应当只依据凯恩斯关于投资与储蓄的理论，还应当考虑各种生产要素可相互替代的问题，如资本和劳动这两个要素就可以相互替代。主流学派经济增长论认为，经济增长的原因归结为资本量的增长和劳动投入量的增长。因此，主流学派提出如下的增长模型：$\dfrac{\Delta Y}{Y} = a\left(\dfrac{\Delta K}{K}\right) + b\left(\dfrac{\Delta L}{L}\right)$ 式中，Y 代表收入量，ΔY 代表收入增量，$\dfrac{\Delta Y}{Y}$ 代表收入增长率，K 代表资本，ΔK 代表资本增量，$\dfrac{\Delta K}{K}$ 代表资本增长率，L 代表劳动，ΔL 代表劳动增量，$\dfrac{\Delta L}{L}$ 代表劳动增长率。在主流学派看来，资本和劳动这两个要素对产量的增长都起作用。式中 a、b 分别代表资本和劳动在产量增长中所起这种作用的权数，即一种估计数。由于各种经济技术条件不同，这种权数值的大小也不一样。主流学派还认为，科学技术的进步在经济增长中起着不可忽视的作用。这种作用表现在资本和劳动投入量的增加上，劳动力质量的提高上，生产组织和经营管理

的改进上。这种技术进步的作用如用 T 来代表（假定它不和资本与劳动结合），那么经济增长的公式就应写成：

$$\frac{\Delta Y}{Y} = T + a\left(\frac{\Delta K}{K}\right) + b\left(\frac{\Delta L}{L}\right)$$

如果在一定时期内资本和劳动投入量不变，总产量增加了 4%，那么这 4% 的增加就是由技术进步所带来的。这 4% 也就是技术变革率。总之，主流学派经济学家认为，经济增长是由资本积累率、劳动生产率、资本和劳动对产量增长起相对作用的权数以及技术变革率共同决定的。这些就是后凯恩斯主流学派的经济增长论不同于哈罗德-多马增长论的地方，但二者又都与资本主义国家经济政策密切联系着。

（四）新剑桥学派经济增长理论

新剑桥学派经济学家反对主流学派的经济理论，其中包括经济增长理论。新剑桥学派的经济增长论是在与新古典学派就经济增长问题展开的论战中建立起来的。新剑桥学派经济增长论是与其收入分配理论紧密联系的，前者是对后者的深入与论证。新剑桥学派认为，工资和利润在一定国民收入中总是朝着相反方向变化的。它的经济增长论就是要研究它们反方向变化的理论。新剑桥学派主要代表卡尔多建立起他的经济增长模型：

Y＝W＋P（国民收入＝工资＋利润，Y 代表国民收入，W 代表工资，P 代表利润）

$S = S_w(Y-P) + S_p(P)$（总储蓄＝工人储蓄倾向乘其收入＋资本家储蓄倾向乘其收入，S_w 代表工人储蓄倾向，S_p 代表资本家储蓄倾向）

根据凯恩斯的公式（I＝S）则上述公式可以转化为：

$S = I = S_w Y + (S_p - S_w)P$；又根据古典经济学的假定：$S_w = 0$，$S_p = 1$，则上式为：

I＝0＋（1－0）P，I＝P。这个公式表明：投资量变动与利润量变动之间存在着直接关系，投资越多，则利润越大。而投资量又受投资率和边际储蓄倾向所影响。可见，工资和利润在国民收入中相对份额是由资本家边际储蓄倾向和投资率这两个因素所决定的。罗宾逊同意卡尔多的经济增长模型并进行了重要补充，她提出一种稳定状态下"黄金时代"经济增长的条件问题。她假定所有技术都属于固定不变的消耗系数类型，如果资本和劳动的比例不变，当劳动量增长率和资本量增长率相等时，就是所谓"黄金时代"。在这个"黄金时代"，人口以稳定的速度增长，资本积累快到足以为所有劳工提供生产能力。因此利润率还会保持不变，实际工资还会随每人平均产量上升而上升。

总之，不管卡尔多还是罗宾逊所表述的经济增长模型，都得出如下的结论：在一定储蓄倾向的情形下，经济增长率的变化将引起国民收入分配中相对份额的变化。经济增长率越高，利润在国民收入中所占比重也越大，工资在国民收入中所占的比重就越小。随着投资的增大和经济的增长，工资和利润在国民收入中的相对份额朝着有利于资本家利润增长的方向变化。

二、促进经济增长的物质因素

要维持经济增长必须有相应的足够的物质必需品来供应，如粮食、原料、矿物原料和核原料、原油供应，以满足生产和生活的需要，同时还要依赖地球上生态系统的建立和作用，以便吸收废物和回收重要基本化学物质。而这些物质必需品的来源有赖于地球上的可耕地、淡水、金属、森林、海洋的可供给量，依赖于这些物质资源在地球上的存量，这是决定经济增长并在多大程度上增长的最终决定因素。

要促进经济增长的第二类条件是那些社会条件及与此有关的物质条件，促进经济增长的主体是人。因此，地球上的物质系统要有能力来维持大得多的经济上比较发达的人口。经济和人口的实际增长，还取决于和平和社会安定，教育与就业，以及技术的不断进步这些因素。

（一）经济增长与粮食和人口的关系

人是社会经济发展的主体，任何社会要实现经济增长都必须依赖于一定数量与一定质量的人口，而人口的存在与发展又依赖于粮食的增长。世界上非工业化国家或地区的粮食生产总额大约以和人口相同的增长率在增长。多少年来，按人口计算的粮食生产差不多保持不变。因此，随着人口增长，一些可耕地被投入耕种，用以生产粮食，供应新增人口的需要，但只是低水平的满足，这就造成广大地区人口的营养不良。虽然世界粮食生产总额仍在增长，但人口也在增长，人均粮食还只能维持那种低水平。发展中国家人口对基本热量特别是对蛋白质的要求始终得不到满足，发展粮食生产是当务之急。但粮食生产的前景不可乐观。联合国农业组织的调查，十分明确地指出，现在全世界所能提供的可耕地仅为32亿公顷，再没有什么可用来扩充的耕地了；同时，随着世界人口的增长用于粮食生产的耕地在减少。因为有一部分土地转到城市和工业用途上。所以，耕地不足的现象将日益明显。西方经济学家用一个经验公式来计算人口的增长，即70除以增长率就可以算出人口增长一倍所需的时间：约在今后30年内世界人口将增加一倍，那时更加感到土地严重不足。因为人口增加，住房、道路、废物处理等用地也将增加。同时，随着人口增加，一部分耕地转到城市和工业用途上。当然也可以采取一些措施来稍稍弥补土地之不足，如通过农业技术和投资方面的发展（使用拖拉机、化肥和灌溉系统）可以提高土地的生产率，提高土地单位面积的产量。据统计，土地生产率提高一倍的时间少于人口增加一倍的时间，即少于30年。粮食供给决定于土地和淡水，也决定于投资。因为开发新土地，在海上经营农场或扩大使用化肥，都需要增加用于粮食生产的资本设备。此外，粮食生产的扩大还在很大程度上依赖于土地上的各项资源。

（二）经济增长与资源可供利用的关系

从近一个世纪世界经济资源的利用情况来看，世界自然资源的消耗量与日俱增。许多资源的使用消耗率比人口增长还快。这说明每年都有日益增多的人口在消耗资源，且人均资源的消耗量每年都在增加。如果按目前消耗率不变，那么有些矿物资源的开采与供给在今年50年到100年内将会出现短缺，特别是白金、黄金、锌和铝的数量将不能满足需求，即使加上这些资源现时的存量也不能根本改观，更何况这些资源的存量有限，且消耗量日益增多。根据矿产资源已有的勘察资料表明，可以寻找大量矿物资源的地方已经有限，今后能否发现更多更大的新矿产资源，尚未得到科学的论证。这些是不可再生的矿产资源，它们的数量有限，不是取之不尽、用之不竭的。它们的实际可取量取决于许多因素，如矿石的不同等级、生产成本、采矿工艺、消费者需求的弹性，以及其他资源的代用情况等。当然随着生产力科学的发展，人们通过提高对资源的使用率和增加对其他替代资源的使用，以及对一些资源的回收和再利用，可以缓和一下这些资源的短缺情况。但是，在资源储蓄量尚未有新的发现之前，在存量又有限的情况下，世界资源的消耗量还在不断地上升，这二者的矛盾必将日渐增加。只要人口继续增加和工业生产增长，按人口计算的资源需求将不断增多，地球上所蕴藏的自然资源必将被耗尽。通过对资源需求的框算，可以了解资源的消耗量。在通常情况下，人口乘以按人口计算的人均资源使用率便可得出每年要消耗的资源数量。当然，人均资源的使用率不是固定不变的，当人均收入增大，大家变得富裕起来时，每人会消耗更多的资源。如美国人均收入比其他国家人均收入多，美国人均资源的消耗量七倍于世界人均资源的消耗量。一些发达因家，由于拥有丰富的矿产资源，它们的经济得以较快的增长，但它们资源的消耗量也非常之大。如果不尽快地节约资源，年复一年地消耗下去，不需多

— 131 —

少年，资源丰富就将变成资源贫乏。为了保证经济的稳定增长，除了不断发现和开采新的矿产资源之外，就是要认真节约矿产资源，这是一切工业化国家的必然措施。

三、西方经济学界关于增长理论之争

（一）零增长理论之争

20世纪60年代，西方一些科学家、经济学家和文化界名流云集于罗马，讨论经济增长所带来的各种问题，特别是生态平衡问题。科学家们呼吁要密切注意经济增长给生态平衡所带来的严重问题。他们认为，经济增长破坏了生态平衡。为了维护生态平衡，西方一部分学者提出零增长理论。持这种理论的学者认为，如果经济不受阻碍地继续发展下去，那么到公元2100年时，因为环境污染，粮食产量不能增长，人口过多，将不能维持人口生存；而随着经济增长，自然资源又将耗竭，将要出现"世界末日"，那时人类将会毁灭。所以他们要求从现在起实现零经济增长率。他们认为，只有在零增长率之下，才有可能保持生态平衡。

但零增长理论遭到一些西方经济学家的坚决反对。反对者认为：首先，零增长并不能达到生态平衡的目的。所谓零增长，也就是使经济增长维持在现在这个水平上。照目前的速度增长下去，仍不能防止环境污染和资源耗竭。要解决环境污染和资源问题，必须发展新的科学技术，必须实行经济继续增长，用经济增长来克服污染和资源耗竭问题。

其次，零增长不可能在全世界范围内实现。不但发展中国家不接受零增长的理论，而且发达国家也不接受这一理论。因为发展中国家如果接受零增长理论，意味着永远处于落后地位；而发达国家则认为，单靠本国零增长，其他国家仍和过去一样增长，那么大气层和海洋照样被污染，何况一国不增长在国际竞争中必然失利。这就是说，在实际生活中零经济增长是不能实现的。

最后，零增长维护和加剧社会的不平等。社会要实现零经济增长，必须使社会现有工作岗位的总数保持不变。但现在各种工作岗位差别很大，工作条件很不一样，职业有好有坏，这是事实上的不平等，实现零增长就是维护现状，遏制竞争，维护不平等。然而社会对工作岗位的竞争和斗争从未停止过，而且比在经济增长条件下的竞争更为激烈。因为较好工作岗位和工作条件的总数不变，且已被人占据，要得到好的工作岗位必须从别人手里夺过来，舍此是不能改变现状的。在零增长的条件下，低收入的人无论如何努力也得不到提升，一切加班加点、积极进取和发明创造都不符合零增长的要求。这样，在保持现状的条件下，人们苟且混世，不求上进，社会也将僵化。西方社会中的不平等不但将保持下去，而且还会进一步加剧。因为在保持现状条件下的竞争对已占有优越条件的人更为有利，使不平等加剧。所以，反对零增长的经济学家认为，实现零增长是不可能的，也是不应该的。

（二）最优增长理论之争

西方经济学界围绕目前的经济增长与未来消费水平之间的关系进行了热烈的讨论，最优增长理论就是在这场论战中被提出来的。所谓最优增长，就是指能够使未来消费水平得以大幅度提高的增长。这种增长取决于现期消费和投资之比，即现期消费在总收入中所占的比例小一些，投资大一些，但也不会过大。这样未来消费就可能多一些。也就是说，最优增长率的确取决于现期消费和投资之间最适当的比例。怎样确定现期消费和投资之间的最适当的比例呢？尽管在这一问题上，各派历来都有争论，观点不尽相同，但他们对下述公式都基本上接受，即平均每人消费额＝平均每人实际产值－平均每人投资额。他们认为，按照这种最优投资比例实现的增长就是最优增长。

反对最优增长理论的西方经济学家认为，为了未来获得最大限度的消费而减少现期消费和增加投资是不值得的。他们指出,这实际上是为未来消费而节俭和储蓄的一种行为,是古典经济学家的思想,没有现实意义。他们认为,最优增长就是要以适当的投资率安排现期消费和投资的关系,以使未来能够有最大限度的消费,而未来最大限度的消费乃属于后代人的事,是这代人为后代人着想的。后世社会和现代社会的消费观是否一样这是不能确定的,后代人也可能鄙弃现代人的消费观,不要求过多的消费品。所以这些持有异议者看来,最优增长理论是没有根据的。

西方国际贸易研究中一个广为
人知的长久命题[*]

——李嘉图的比较成本说述评

比较成本说即比较生产费用说，系英国资产阶级古典经济学家李嘉图首创的对外贸易理论。它认为，每个国家应专门生产生产费用比较低的商品来出口，而对那些在生产方面处于不利地位，生产费用又比较高的其他商品则应从外国进口，以满足国内需要。依此就会自然形成国际分工，使各贸易国互相获益。这一理论被西方资产阶级经济学家所广泛接受，备受推崇，并被普遍应用于外贸经济实践中。比较成本说已成为西方国家国际贸易研究中一个广为人知的长久命题。

(1)李嘉图的比较成本说立论于他的价值理论和货币理论的基础之上，他以其著名图式概括了比较成本说的基本内容。

李嘉图的比较成本说是其劳动价值论向国际贸易领域的延伸。在劳动价值论方面，李嘉图认为，每个商品的总劳动需要量就是包括该商品所需要的直接劳动时间，加上生产该商品的各种生产资料生产所需要的间接劳动时间，还要加上生产这些生产资料的生产资料生产所需的间接劳动时间等的总和。……相对的生产价格大约等于相对的劳动总需要量。李嘉图对外贸的分析就是在这一认识基础之上进行的。他认为，世界市场上参与竞争的既有一些效率高的生产者，也有一些效率低的生产者。前者不能完全取代后者，因为后者能够供应前者所不能供应的那一部分世界需求。在这种情况下，

---

* 本文原载于《经济评论》1991 年第 4 期。

只要这些效率不同的资本进入同一市场，它们的个别价值就将受到调节该市场价格和生产的国际社会价值所约束。相对的生产价格的变化大体是由于商品所包含的劳动总需求量相对变化的结果。

在货币理论方面，他认为货币供应量增加，将使所有商品货币价格上涨，货币供应量减少又会使所有商品货币价格下降。李嘉图的这种货币理论乃源于古典学派的货币数量说，实际上他把后者推论到所有类型的货币上。他的货币理论在其外贸理论中起着关键的作用。他曾以英、葡两国生产布和酒为例来说明货币在国际贸易活动中的作用。该例子说，葡国在这两种商品生产上的效率高于英国，因而处于优势地位，必定要向英国大量输出这两种商品，造成英国贸易逆差。于是英国被迫向葡国输出黄金，以消除逆差，平衡贸易。结果，英国的黄金货币外流，从而货币供应量减少，造成商品的黄金价格下跌。同时，葡国由于流入黄金，增加了货币供应量，使所有商品的黄金价格上涨。这样，葡国因价格上涨而逐渐失去优势，而英国则因价格下跌逐渐增强竞争能力，其中不利程度较小的商品将最先赶上葡国。只有当英国的一种商品处于比较有利的地位展开竞争时，双方的对流贸易方能进行，不过价格仍将波动，直到每个国家都输出一种对自己相对有利的商品时，双方贸易才能大致达到平衡。这样的双方贸易总是占据支配地位，对所有国家都是有利的。

李嘉图基于劳动价值论和货币理论基础上的外贸理论，是在斯密自由贸易的"区域分工论"的基础上发展起来的。斯密在其经济学巨著《国富论》中极力提倡自由贸易，认为每个国家都应利用有益于自己的国际分工，以发展本国的经济。斯密说，如果一个国家生产布匹的成本低廉，另一个国家生产酒的成本低廉，那么这两个国家在生产商品方面应该实行专门化，专门生产耗费本国劳动少的商品，注意绝对成本。然后彼此进行交换，以节省劳动，使本国收益。

但是，李嘉图对此则进行更深一层的探讨。他说有一种情况完全可能：英国生产布所需要的劳动比葡国更多。按照斯密的绝对成本思想，英国应停止布的生产。但李嘉图却不以为然。他说，尽管如此，英国还是要生产布匹，而葡国则从英国进口布匹。就是说，葡国用本国制造的远较英国低廉的酒去换取英国布匹，这是一种非常合算的交易。因为葡国在制造酒上所节约的劳动远多于生产布匹所投入的劳动。对此，李嘉图举例说，英国生产一定数量的布匹，需要投入 100 个工人一年劳动，而葡国生产同样数量的布匹只需要投入 90 个工人一年劳动；英国酿造一定数量的酒，需要投入 120 个工人一年劳动，而葡国酿造同样数量的酒只需投入 80 个工人一年劳动。按照斯密的绝对成本论——国际分工论，葡国在两种商品生产上均占绝对优势，英、葡之间不可能进行贸易。

但是李嘉图指出，即使在这种情况下，英、葡两国之间还是可以进行对流贸易的，并且贸易国双方可以互相获益。因为这里起决定作用的是相对成本论的指导，而不是绝对成本论的指导。李嘉图解释说：葡国虽在两种商品生产上占优势，但在酒的生产上占有更大的优势。葡国与其挪用一部分资本去生产布匹，还不如把全部资本都用来生产酒。这样葡国就可以用 80 个工人一年劳动生产出来的酒去换取若自己生产则需投入 90 个工人一年劳动的布，比两种商品都由本国生产可以节省 10 个工人一年劳动。而英国虽然在两种商品生产上都处于劣势，但它可以生产其不利程度较小的商品，就是说它可以专门生产布。这样，英国也可以用 100 个工人一年劳动生产的布去换取若自己生产则需投入 120 个工人一年劳动的酒。通过英、葡两国交换，英国也可以节省 20 个工人一年劳动。所以，从比较成本考虑，这样的国际分工和交换对英、葡两国乃至国际社会都是有好处的。为此，李嘉图还特地提出其著名图式（并假定每个工人一年劳动值 1 盎司黄金）对英、葡两国交换获利情形进行比较，对其比较成本说加以论证。

英 国	葡 国
布：100 个工人一年劳动→50 盎司黄金	45 盎司黄金←90 个工人一年劳动：布
酒：120 个工人一年劳动→60 盎司黄金	40 盎司黄金←80 个工人一年劳动：酒

在此情况下，若不进行国际贸易，即两种商品均由本国生产，则英国耗费（100＋120）个工人一年劳动，合 110 盎司黄金，葡国耗费（90＋80）个工人一年劳动，合 85 盎司黄金，整个国际社会共耗费 390（英国 220＋葡国 170）个工人一年劳动，合 195 盎司黄金。

在上述情况下，若实行国际分工，即英国专门生产布，葡国专门生产酒。于是，英国用 200 个工人一年劳动生产两份布：一份自用，一份换酒；葡国用 160 个工人一年劳动生产两份酒：一份自用，一份换布。这时，英国比以前少耗费 20 个工人一年劳动，合 10 盎司黄金，葡国比以前少耗费 10 个工人一年劳动，合 5 盎司黄金，整个国际社会共少耗费（390－360）个工人一年劳动，合 15 盎司黄金。可见，同样的国际条件，有了外贸，英国节约劳动，葡国节约劳动，全社会节约劳动。总之，各贸易国都将从国际贸易中获益。李嘉图说，没有一个国家需要害怕国际贸易，因为它对所有国家都有利。

(2)李嘉图的比较成本说是对斯密绝对成本说的重大突破与发展，被西方经济学界誉为古典学派成熟的国际贸易理论，成为资本主义世界进行国际贸易的指南。比较成本说具有合理内核，不仅为西方各派经济学家所接受，而且也得到马克思主义经典作家一定程度的肯定，成为西方国际贸易研究中一个广为人知的长久命题，备受推崇。

斯密的绝对成本说暗含一种假定，就是贸易双方至少有一种低成本的商品能在国际间销售。但是如果一个国家连一种具有成本优势的产品都没有，那还有国际贸易吗？就是说在这种情况下不可能有国际贸易。李嘉图的比较成本说突破了斯密绝对成本说这种教条，科学地回答了这个问题。李嘉图说，即使一个国家各行各业都缺乏生产效率，没有低成本的产品，但是通过国际贸易仍能得到贸易利益。上面介绍的李嘉图著名图式正是为了论证这一问题。虽然，葡国在布和酒这两种商品生产上的劳动消耗都比英国低，即前者的生产效率都比后者高，但两优取其重，葡国在生产酒上的效率比生产布上的效率更高一些。这就是比较利益的意义所在。也就是说，葡国生产两种商品都具有优势，但两者比较一下，葡国在生产酒上具有更大优势，即有相对优势。因为葡国生产布的劳动成本是英国的 90%，而生产酒的成本只是英国的 67%。

在上述情况下进行的国际贸易对英国将产生什么样的后果呢？英国生产布和酒这两种商品的劳动成本都比葡国高。但把英国的劳动成本与葡国的比较一下，则布为 $\frac{100}{90}=1.1$，酒为 $\frac{120}{80}=1.5$。这表明英国生产布的成本是葡国 1.1 倍，生产酒的成本是葡国的 1.5 倍。两者比较，两劣取其轻，英国生产布的劳动成本相对低一些，效率相对高一些。就是说，生产布具有相对优势或比较利益。

比较成本说是李嘉图外贸理论的核心。它认为，各国分工只生产各自具有相对优势的商品。英国用其全部劳力生产布，葡国用其全部劳力生产酒。通过国际贸易，贸易国双方不但可以获得各自需要的产品，而且彼此还可以获利。总之，比较成本说坚持认为，外贸模式取决于比较成本，外贸对世界各国都是有利的，贸易国双方是互利的。比较成本说的积极意义在于，它为一个国家提供发展对外贸易的理论武器，不论这个国家处在什么样的发展阶段，生产技术水平是高还是低，都能找到自己的相对优势，即使处在劣势中的国家也能找到劣势中的相对优势。各国根据自己的相对优势安排生产，进行外贸，贸易国双方都可以用较小劳动耗费，交换到比闭关自守时更多的产品，彼此都能增加自己的消费量。这样，比较成本说反映了劳动消耗与劳动成果之间的技术关系。它启示人们要大力提高社会生产率，这是生产发展的客观要求。从这点出发，比较成本说既适用于发达国家，也适用于发展中国家。前者利用它可以得到国内得不到的超额利润，后者利用它可以发挥自己相对有利条件，取人之长，补己之短，不断增强自己的经济力量。这就是比较成本说在理论上和实践上起积极作用的一面。如果说，比较成本说有其合理内核，其意义乃在于此。

正因为如此，尽管人们并不完全接受甚至反对这一学说，但都程度不同地认为这个学说在其自身范围内有正确的部分。西方经济学家对比较成本说发表过不少评论，其中有些虽然是批评意见，但多数还是对这一学说的进一步阐述，是对比较成本说的发展和具体化。与其说它受到批评，不如说它受到推崇。例如，新古典学派教科书中，比较成本说一般是作为构成国际贸易理论基础的基本原则而被提出来的。美国经济学家萨缪尔森在其《经济学》一书中把比较成本说称之为国际贸易的不可动摇的基础。总之，李嘉图的比较成本说在西方经济学界备受推崇，载誉不衰。

马克思主义经典作家对李嘉图的比较成本说也予以一定程度的肯定。马克思说："对有商品输入和输出的国家来说，同样的情况也都可能发生；就是说，这种国家所付出的实物形式的物化劳动多于它所得到的，但是它由此得到的商品比它自己所能生产的更便宜"①。即相对于自己本身的劳动消耗来说，可以获得更多的使用价值，这也就是马克思所说的"使用一定量劳动时具有更大的效率"②。马克思的话向人们表明：英、葡两国分别在布和酒这两种商

①《马克思恩格斯全集》第二十五卷，人民出版社 1974 年版，第 265 页。
②《马克思恩格斯全集》第二十六卷第三册，人民出版社 1974 年版，第 478 页。

品生产方面占有比较优势，其主要原因是两国生产这两种商品的生产效率不同，即两国在这两种商品上的劳动生产率不一样。可见，马克思从劳动生产率方面，从劳动耗费和劳动成果的比例关系方面肯定了比较成本说的现实意义。但是比较成本说毕竟是资产阶级的经济理论，今天我们要运用马克思主义的立场、观点与方法来全面评价李嘉图的比较成本说。

（3）比较成本说虽然具有合理的内核，但是更应该看到这一理论具有很大的理论局限性和阶级局限性。

李嘉图明言：对外贸易的扩张虽然大大有助于一国商品总量的增长，从而使享受品总量增加，但却不会直接增加一国的价值总量。就是说，李嘉图外贸理论承认外贸只增加使用价值，不增加价值。对此马克思明确指出："他的国际贸易理论是错误的，他认为国际贸易只生产使用价值（他称为财富），不生产交换价值。"① 他把使用价值和价值对立起来的做法，实际上否定了资本主义贸易的剥削性。接着马克思指出，生产力提高的最终结果会增加相对剩余价值，促进资本积累和扩大再生产，在增加使用价值的同时，也实现了价值的增值。

必须指出，李嘉图认为外贸只增加使用价值不增加价值的观点，显然是和他的"支配一个国家中商品相对价值的法则不能支配两个或更多国家间互相交换的商品的相对价值"这一理论相吻合的。李嘉图解释说，英国以 100 人的劳动产品交换（葡国）80 人的劳动产品，这种交换在同一国家中的不同人间是不可能发生的，但可在不同国家之间进行。在李嘉图看来，劳动价值论在国内交换中必定得到贯彻，但在国际贸易领域中却失去普遍意义。这显然是李嘉图劳动价值论不完善的自我表现。对此，马克思帮他做了科学的

---

①《马克思恩格斯全集》第四十六卷上册，人民出版社 1979 年版，第 289 页。

回答："不同国家的工作日相互间的比例，可能象一个国家内熟练的、复杂的劳动同不熟练的、简单的劳动比例一样。"因此，"即使从李嘉图理论的角度来看……一个国家的三个工作日也可能同另一个国家的一个工作日相交换。"① 这就是说，复杂的劳动等于加倍的简单劳动。所以，后一国家一个熟练工作日的产品可以和前一国家三个简单工作日的产品相交换。马克思强调指出，两国间这样的交换仍然是符合等价交换的原则的。马克思通过这样的论证解决了李嘉图在国际交换中所遇到的矛盾。这个矛盾是李嘉图无法解决的。但是，马克思经济学又认为承认支配一国商品相对价值的法则也能支配两国或更多国家间商品交换这一理论并不等于否认资本主义国际贸易中存在不等价交换。马克思从价值和剩余价值方面来说明比较利益时明确指出：根据比较利益，两国可以相互进行交换，虽然两国都受益，"但一国总是吃亏"，"一国可以不断攫取另一国的一部分剩余劳动而在交换中不付任何代价"②。马克思在这里明确肯定了国际贸易中会发生价值转移的事实。不过，马克思说，这与资本家直接获取工人剩余劳动的情形不同，因为发达国家劳动生产率高，其出口商品会在国际市场上卖得比国内价格高，由此实现的超额利润就是发达国家得到的"比较利益"，它实际上是由落后国家转来的工人剩余劳动。可见，李嘉图的比较成本说——国际贸易理论的阶级局限性就在这里，昭然若揭。它反映了当时英国资产阶级的利益和愿望。其次，英国是世界上工业最发达的国家，生产了大量工业品，成本较低。它力图控制和利用世界市场推销其工业品和获取廉价的粮食和原料，以适应自身工业发展的需要。在这种国际国内形势下，英国工业资产阶级亟需有一种理论来为自由的国际贸

①《马克思恩格斯全集》第二十六卷第三册，人民出版社 1974 年版，第112 页。

②《马克思恩格斯全集》，第四十六卷下册，人民出版社 1980 年版，第402 页。

易提供依据和论证，比较成本说就是适应这一理论需要而产生的。它实际是要英国只生产工业品，其他落后国家专门生产粮食和原料，用来交换英国的工业品，最终成为英国的经济附庸。这就是李嘉图的比较成本说为什么受到西方国家资产阶级普遍欢迎的原因所在。

借鉴西方外贸理论
加快我国对外开放步伐[*]

我国在总结中外历史经验的基础上得出一个结论：任何一个国家、任何一个民族今天要求得自身的生存与发展都必须打破自我封闭，实行改革开放，走向世界，同各国进行经贸交往，借鉴它们的经验和物质技术以加快本国经济的发展。对外贸易是各国进行物质和科学技术交流的重要形式，是各国经济联系和合作的纽带。

一

现代的国际贸易是和资本主义生产方式一同产生和发展起来的，是现代资本主义经济的重要部分，西方国家经济的发展是和它们外贸的发展紧密相联系的。但在不同发展阶段上，为着自身的利益，资本主义国家的外贸活动则受制于不同外贸理论及所制定的外贸政策。

保护贸易政策是在国家权力保护下进行的外贸政策。在这种政策下同他国所进行的外贸叫作保护贸易。保护贸易理论认为：当事国政府应运用各种政策以限制外国商品进口，使国内市场的本国商品免受外国商品的竞争，以保护本国产业尤其是新兴工业的发展。但同时，当事国政府应对本国出口商品实行优惠，甚至补贴，尽可能提供一切便利条件，鼓励本国商品出口，争取国外市场。实行保

* 本文原载于《经济学动态》1992 年第 12 期。

护贸易的当事国政府都在不同程度上实行三种政策措施：

第一，对进口商品按一定税率征收关税。对一定量进口商品征收一定量关税，这就使进口商品价格上涨，从而使其在国内市场上与本国商品竞争时失去价廉优势。这种政策的直接效应是进口商品价格上涨，对其需求减少，起到了限制进口的作用。与此同时，对本国工业发展所需的各种原材料如要出口，亦课以重税，以限制其出口，从而保护本国工业的发展。

第二，对进口货物事先规定一个进口数额。当事国政府规定一定时期（如一年）内外国商品的进口数额。外国商品的进口数额一经达到，即停止进口。其结果是限制国内市场对进口商品的需求，从而促进国内产业的发展，节约了外汇。

第三，政府坚持进口外国商品的许可证制度。规定任何进口商必须事先获得许可证方能进口外国商品，或限制国内居民兑换外币，规定用外币购买进口商品。进口国政府通过这些政策规定减少对进口商品的国内需求。

通过上述改革措施限制了进口，其中征收关税是限制进口的普遍方法。关税的作用在于提高进口货物价格，抵消进口商品在成本上的优势，增强本国商品的竞争能力，限制了外国商品进口，保护了本国产业。关税有时还能起到一种特殊作用，表现在必要时可采取排斥性税率刺激本国商品同进口商品的竞争，如用 200％税率向进口商品课税，同时用 10％税率向本国同类商品课税。这就有效地帮助本国商品在国内市场上竞争取胜，迅速有效地制止外国商品的进口。

自由贸易政策是保护贸易政策的对称，是指国家对外贸不加干预，并取消对进口货物的各种限制，允许出口进口完全自由。自由贸易实际上是允许世界上所有国家都生产有比较利益的商品，即各国都生产本国资源利用上代价最小而生产力又最高的商品，实行国际专业化分工，各国互通有无，互相合作。

西方外贸理论认为，国际贸易与国际专业化分工是互为条件、互相促进的。在自由贸易中，各国都能获得贸易利益和专业化收益。在封闭型和自给自足的经济条件下，由于不能实行国际专业化分工，各国资源利用上的某些优势得不到发挥，这样就得不到专业化收益和贸易收益。而在开放型自由贸易经济条件下，由于国际专业化分工，各国资源和技术力量得到合理和充分的利用，各国各种商品总量都能有所增长，因而各国人民消费总量亦随之增加。各国商品总量增长必使国际贸易额增加。国际贸易额的增大标志着本国国内市场对进口商品需求的增加。例如，李嘉图比较成本理论中所举的英葡两国根据自己的相对优势分别生产布和酒的例子，证明国际专业化分工和国际贸易能给贸易国双方带来贸易收益和专业化收益。李嘉图举例子说，英国生产一定数量的布需要投入 100 个工人一年的劳动，而葡国生产同样数量的布只需投入 90 个工人一年的劳动；英国酿造一定数量的酒需要投入 120 个工人一年的劳动，而葡国酿造同样数量的酒只需投入 80 个工人一年的劳动。这种情形如果按照斯密的绝对成本理论——国际分工论，葡国在两种商品生产上均占优势，英葡两国之间不可能进行双边贸易。但是，李嘉图根据比较成本理论——国际分工论论证，即使在这种情形下，英葡两国之间仍可以进行对流贸易，且双方均能够互获利益。李嘉图认为，葡国在两种生产上均占优势，但在酒的生产上占更大优势，与其挪用一部分资本去生产布，还不如把全部资本都用来生产酒。而英国虽然在两种商品生产上都处于劣势，但它可以生产其不利程度较小的商品，即把全部资本专门用来生产布。通过两国的对流贸易，既可得到所需商品，又可节省工人的劳动。

李嘉图根据英葡两国之间的分工和交换的实例指出：以比较利益理论为基础的国际分工和国际贸易是完全可行的，不但对当事国双方有利，而且对整个国际社会也是有利的。据此李嘉图得出结论说：实行国际专业化分工和国际贸易会给各国带来利益，各当事国都将从国际贸易中获益，没有一个国家需要害怕国际贸易，因为它对所有国家有利。

当代西方经济学家都主张国际间要进行贸易，不再坚持排斥外国商品进口的立场了，认为任何一个国家哪怕经济条件优越的国家恐怕都不愿实行完全自给自足的封闭型经济，因为那样做无论从理论上还是从实践上看都是不足取的。例如，对工业国来说，美国自己生产咖啡以满足国内需要，在英国种植蔬菜供本国消费，在挪威利用温室生产棉花供本国自用……根据这些国家的生产能力都是完全可以做到的。但因不是因地制宜，结果成本巨大。再例如，对非洲某个农业小国来说，依靠其国内生产能力来制造某些工业品以满足本国需要，这也是可以做到的，但代价太大。所以，当代西方经济学家认为，按比较利益原则因地制宜安排生产，发挥各国相对优势，实行国际专业化分工，各国都生产自己具有优势的产品，再进行国际贸易、互通有无。这样，各国各类产品的成本不仅比自给自足情况下耗费少，而且产品也多得多。各国都能从国际贸易中获得更多的产品和利益。

二

党的十一届三中全会以来，党中央和国务院已把对外开放作为我国今后长期的基本国策，并加以贯彻实施。实行对外开放政策从经济方面来说就是要发展我国对外经济关系。我国发展对外经济关系的基本形式就是扩大对外贸易，利用外贸，引进先进技术设备，对外承包工程和劳务合作等，其中对外贸易是最基本的形式。我国实行对外开放并非出于主观臆断和权宜之计，而是基于深刻的科学认识。实行对外开放和积极发展对外经济关系是社会分工深化和社会生产力发展的客观要求和必然结果。《共产党宣言》早就指出，资产阶级由于开拓了市场，使一切国家的生产和消费成了世界的了。过去那种地方和民族的自给自足和闭关自守状态，被各民族的各方面的相互往来和各方面的相互依赖所代替了。事实证明，马恩的论断完全正确。社会主义国家经济是建立在社会化大生产基础上的商品经济。无论哪种类型的商品经济都是和市场交换联系在一起的，不仅紧密联系着国内市场，而且它的发展也离不开国际市场。闭关锁国只能使本国经济落后，尤其是当今的国际经济关系已从一般的商品交换发展到生产协作、技术转让、资金融通、劳务使用、信息交流、跨国经营商品生产和销售等这样的程度，国际间经济互相依赖越来越密切。这一事实已为各国所共认。在现阶段，实行对外开放政策，发展对外经济关系是加速我国社会主义四化建设的迫切需要。我国四化建设中最突出的困难是资金不足，技术落后，缺乏现代化大生产的管理知识和经验。解决这些问题，要在自力更生的基础上通过积极发展对外经济关系，引进先进技术、设备、资金、人才、信息、现代化经营管理知识和经验，使我国社会主义现代化建设得到迅速发展。

实践证明，开展国际间积极的经济交往和发展国际贸易，是生产力发展和国际社会分工深化基础上的现代化商品经济的客观要求。我国对外经贸活动是为四化建设这个中心服务，为此，我国应扩大对外经贸联系和科技交流，充分利用国际市场，以获取发达国家的资金、科技和经济管理经验，加速我国四化建设。我国对外经贸活动是在平等互利原则下进行的。平等互利是我国对外政策的一项重要原则，也是我国对外经贸关系中的基本原则。

根据平等互利原则，我国积极发展同发展中国家的经贸关系。占世界总面积80％和占世界总人口73％的广大发展中国家，虽然地大物博，拥有丰富的水力资源、森林资源、矿产资源等，但由于长期受殖民帝国的压迫和剥削，它们的经济还十分落后。加强同这些国家和地区的互助合作是我国对外战略的基本立足点。我国应根据自己的力量和可能，积极发展同这些国家和地区的贸易、经济和技术合作，也就是要加强南南合作，这对于建立国际经济新秩序具有伟大的战略意义。现在我国已同 140 多个发展中国家和地区建立了经贸联系，它们也是我国许多商品的重要出口市场。凡是对方需要商品，我们都应尽可能地积极提供。

根据平等互利原则，我国正积极发展同发达国家的经贸关系。这些国家经济发达，科技水平高，工业发达，同时它们经济雄厚，国民收入丰裕，市场容量大。这是我国四化进程中必须加以利用的经济力量和国际市场。近年来，我国同这些国家的经贸关系发展迅速，特别是同日本、欧洲经济共同体和美国的贸易发展尤为迅速。

根据平等互利原则，我国正积极发展同独联体和东欧国家的经贸关系。苏联曾是我国最大的贸易对象。20 世纪 60 年代以来的 20多年，由于众所周知的原因，中苏贸易大幅度下降。1989 年中苏关系正常化后，双方经贸关系逐渐恢复和发展，贸易额明显增加。中苏两国政府还就经济技术合作等签订了双边协定，签订了五年长期贸易协定。苏联解体后，独联体宣布继续执行苏联同中国签订的各项贸易技术协定，这表明独联体和中国的经贸关系今后会继续发展。

我国也积极发展同东欧国家的经贸关系。我国同这些国家的贸易中存在大量顺差，为了体现平等互利原则，今后我国应从这些国家多进口一些商品，以促进双边贸易平衡发展。

总之，自党的改革开放政策实施以来，我国是世界上经济增长最快的少数国家之一，在大国中则是增长最快的。80 年代全世界国民生产总值的年平均增长率为 3％，我国是这一平均增长速度的 3倍。这 10 年，我们先后胜利完成了第六个五年计划和第七个五年计划。改革开放和经济的快速增长，使国家的经济面貌发生了显著变化。1989 年的国民生产总值比改革开放前的 1979 年增长了 1.6 倍，平均年增长率为 9.1％，同期我国的进出口贸易总额由 206.4 亿美元增加到 1116 亿美元，平均每年增长 16.6％以上。我国出口商品总额和进口商品总额分别从世界第 32 位和第 24 位，跨入了世界前14 名的行列。

这些成就的取得是我国改革开放政策的胜利。正是在这个大好形势下，邓小平发表了南方谈话，重申今后仍继续坚决执行改革开放政策。在充分肯定改革开放以来所取得的重大成就的基础上，邓小平又强调指出：今后改革开放的步伐再加快一些，胆子再大一些；在实行改革开放的过程中要警惕右，但主要是防止"左"。邓小平的这个讲话无疑是在新形势下贯彻执行党的基本路线的纲领，当然也是引导我国外贸发展的指南。

今后要加快步伐扩大开放，在平等互利基础上进一步发展同世界各国的经贸关系，拓宽通往世界五大洲所有国家和地区的外贸渠道，全方位发展对外贸易。在平等基础上，国家不分大小、强弱、贫富及社会制度之异同，都可以发展对外贸易。中国总可以从多国外贸中获得外贸利益，引进先进科学技术与物质设备，促进四化建设，把在中国具有竞争力的产品销往世界各国市场，赚取外汇收入。在互利的基础上加快发展我国同各国之间的双边贸易，有出有进，但不必拘泥于国与国之间的贸易平衡，只要把握住宏观平衡就行。我们的宗旨是要通过外贸渠道引进我国必需的新科技产品以促进四化建设，同时也进口一些日用品。而新科技产品及其专利在国际市场上是走俏商品、抢手货。你要进口这些产品与专利，输出方必要求搭配一般产品，特别是一些尖端的新技术产品，搭配的就更多。这种情况表明两个单独国家之间的进出口贸易总额不易平衡，很难保证出大于入。另外，有些国家经济不发达，可供出口的只能是轻工产品或土特产品，这些产品虽不是我国市场上短缺的，但也可以接受用于转口贸易，以获取第三国的为我所需的产品或设备。总之，进口贸易要借鉴西方贸易理论中的有益部分，善于吸收世界和各国的先进经验，坚持科学技术是第一生产力的标准，服务于四化建设这个中心，对外贸易在突出经济建设这个中心的前提下，胆子再大一些，步伐迈得再快一些。这是经济增长对外贸所提出的要求。

三

对外贸易对国民经济增长客观存在作用机制。对外贸易对一国经济的增长，既有促进的一面，又有影响和制约的一面。因此，必须高度重视和正确把握对外贸易与一国经济增长的关系，并予以妥善处理。

第一，外贸能为四化建设节约社会劳动和积累资金。在国际市场上，商品是按国际价值决定的国际市场价格进行交换的。当国内价值小于国际价值时，就会实现国际社会劳动的节约；当商品国内价值大于国际价值时，进口商品会给本国带来社会劳动的节约。由于我国经济技术落后，劳动生产率低，一般说来，我国出口商品的国内劳动消耗大于国际劳动消耗，即国内价值大于国际价值。因此，通过发展进口贸易可以大量节约社会劳动。同时，随着劳动生产率的提高，出口商品结构的改进，外贸部门管理的改善，我国出口贸易将为国家积累更多的资金。

第二，外贸协调社会再生产按比例发展。社会再生产按比例发展不仅要求在价值上保持平衡，而且要求在实物形态上也保持平衡。由于历史和现实条件及技术上的落后，我国尚不可能生产自己需要的一切产品，也不可能在本国范围内实现社会生产物质形态上的平衡，只能通过外贸在国际范围内进行实物形态的转移，使之协调国内实物形态的平衡，从而保证社会主义扩大再生产的顺利进行。

第三，外贸能为国内引进先进的科学技术与设备，推动我国科学技术的发展，促进生产方法的改进。科学技术是没有国界的，是人类的共同财富。国际间的技术交流对于促进各国经济技术的发展具有极其重要的意义。自实行开放政策以来，我国有计划有选择地从国外引进一批新的技术和设备，填补了我国工业技术方面的某些空白，推广了新兴技术，加快了老企业的技术改造，改进了生产操作方法，提高了我国工业的生产能力和技术水平，推动了以现代化为中心的社会主义事业的发展。

第四，外贸调整进出口商品结构，促进国内产业结构合理化。对外贸易能否促进经济增长，是同贸易结构能否适应国际市场的需求密切相关的。从进口商品结构来看，要改变以"原料-消费品-加工工具"为序的核心结构，减少原料和高档消费品的进口，增加重工业技术和设备的进口，以促进国内产业结构的调整；从出口商品结构来看，要压缩初级产品特别是国内紧缺的原材料的出口，努力增加工业制成品特别是技术产品的出口，逐步优化出口产业结构，改善贸易条件，促进国内经济增长。

总之，我国经济增长对外贸有着相当的依赖性，外贸的迅速发展在一定程度上带动了整个国民经济的发展，对外贸易是促进经济增长的重要因素。政府要对外贸进行有效的组织与管理。从国家宏观经济增长的需要与可能出发，创造有利于经济增长的一些外贸条件，发展我国对外贸易，充分发挥外贸对经济增长的促进作用。但是必须指出，如果国内经济运行中出现一些不利于经济增长的外贸条件，那么对外贸易对经济增长的作用机制就可能制约着国民经济的发展，加剧国民经济的波动和失衡，这表现在以下两个方面。

首先，进出口贸易对我国经济总量是有影响的。就进口来说，一国的进口水平主要取决于有支付能力的对外总需求水平。我国是经济短缺型国家，适量的进口可以在一定程度上缓和总供给和总需求不平衡的矛盾，并能推动技术进步和经济发展。但是，如果进口过多，超过国家的对外支付能力，那就必然挤占有限外汇和资金，严重影响国民经济的协调发展。

就出口来说，一国的出口水平主要取决于该国经济的总供给水平。当国内市场供大于求，增加出口会给国家带来利益。相反，当国内市场出现供不应求，还大量出口会加剧国内商品短缺，增加国内通货膨胀的压力。这是因为，我国经济属于短缺型经济，国内总供给少于国内总需求。这样的宏观经济条件决定了我国的出口增长率必须控制在一个合理范围内，不宜过大。如果出口增长率过快，势必加剧国民经济供求失衡的矛盾。持续的扩大出口会刺激国内生产的扩张，从而推动需求的进一步膨胀，最终加剧了国内通货膨胀和经济波动，影响经济发展。

其次，进出口贸易会对国民经济结构产生影响。就进口来说，进口商品结构和国民经济结构的关系是相互影响、相互作用的。合理的进口商品结构不仅能在一定程度上缓和生产需求和消费需求短缺的矛盾，而且能促进产业结构优化，推动经济的进一步发展。但是从实际情况来看，过去几年我国进口商品结构存在不合理的情形：一是进口商品中不少是国内的长线产品或自己有能力生产的产品，因此，这些商品进口非但没有显著缓和国内需求短缺，反而引进竞争打击国内相关产业的发展；二是一度强调生产资料的进口，排斥消费资料的进口，因而未能缓解总需求和总供给的矛盾；三是我国产业结构的调整和经济的发展过份依赖进口，紧步发达国家后尘，但今天跟的是人家昨天的技术，老是不能同步，结果不仅导致产业结构的老化，而且导致国际收支失衡。这是一个教训。

就出口来说，出口商品结构一方面受国内产业结构制约，另一方面又影响国内产业结构变动。从我国出口商品结构来看，原油、煤炭、农副产品、纺织原料及其制品，仍然是我国出口的大宗商品，而技术产品较少，高技术产品更少。我国这样的出口商品结构表明：一方面它没有起到推进国内产业向高科技化发展的作用；另一方面大量资源的出口加剧了国内市场资源的短缺，这又阻碍了经济结构的调整。

综上所述，从外贸对经济增长的作用机制来看，由于我国进出口贸易发展不平衡，特别是外贸的发展与经济增长不相协调，这种情形使外贸不仅没能最大限度地促进经济的稳定发展，反而制约着经济的发展。因此，如何把外贸纳入经济增长体系中作为经济增长的重要因素来研究并探讨出其内在的联系，这是我国外贸理论和实践的一项重要而又紧迫的任务。

西方经济学外贸理论与中国开放政策[*]

一个国家要求得到生存与发展，必须打破自我封闭、实行开放政策，走向世界，同各国进行经贸交往，借鉴它们的经验和物质技术，以加快本国经济的发展。对外贸易是各国进行物质和科学技术交流的重要形式，是各国经济联系和合作的纽带。各国间进行外贸已势在必行，且必将扩大和发展。

一

西方经济学外贸理论有其形成和发展过程。对外贸易是指一国与其他国家之间的商品和劳务的交换，而各国外贸的总和便构成国际贸易。现代的国际贸易是和资本主义生产方式一同产生和发展起来的，是现代资本主义经济的重要部分。但在不同发展阶段上，为着自身的经济利益，资本主义国家运用国家权力执行着不同的外贸政策。

保护贸易政策是在国家权力保护下进行的外贸政策，在这种政策下同他国所进行的外贸叫作保护贸易。保护贸易的主要内容包括，当事国政府运用各种政策以限制外国商品进口，使国内市场的本国商品免受外国商品的竞争，以保护本国产业尤其是年轻工业的发展。但同时当事国政府对本国出口商品则实行优惠，甚至津贴，尽可能提供一切便利条件，鼓励本国商品出口，以争取国外市场。

* 本文原载于《学术界》1992 年第 4 期。

实行保护贸易的当事国政府都并行以下三种政策措施：一是对进出口商品按较高税率征收关税；二是对进口货物事先规定一个进口数额；三是政府坚持进口外国商品的许可证制度。

通过上述政策措施限制了进口，其中征收关税是限制进口的普遍方法。关税的作用在于提高进口货物的价格，抵消进口商品在成本上的优势，增强本国商品的竞争能力，限制了外国商品进口，保护了本国产业。关税有时还能起到一种特殊作用，表现在必要时可采取排斥性税率刺激本国商品与进口商品之间的竞争。这就有效地帮助本国商品在国内市场上竞争取胜，迅速有效地制止外国商品的进口。

自由贸易是保护的对称，是指国家对外贸不加干预，并取消对进出口货物的各种限制，允许出口进口完全自由。自由贸易实际上是允许世界上所有国家都生产有比较利益的商品，即各国都生产本国资源利用上代价最小而生产力又最高的商品，实行国际专业化分工，各国互通有无，互相合作。

西方外贸理论认为，国际贸易与国际专业化分工是互为条件的，互相促进的。在自由贸易中，各国都能获得贸易利益和专业化收益，这是对相对于闭关自守和自给自足经济而言的。在封闭型和自给自足经济条件下，由于不能实行国际专业化分工。故各国资源利用上的某些优势得不到发挥，这样就得不到专业化收益和贸易收益。而在开放型自由贸易经济条件下，由于国际专业化分工，各国资源和技术力量得到合理和充分的利用，故各国各种商品总量都能有所增长，因之各国人民消费总量亦随之增加。各国商品总量必使国际贸易额增加，国际贸易额的增加标志着本国国内市场对进口商品需求的增加。李嘉图在比较成本理论中所举的英葡两国各根据自己的相对优势分别生产布和酒的例子，就证明了国际专业化分工和国际贸易能给贸易国双方带来贸易收益和专业化收益。

李嘉图根据英葡两国之间的分工和交换的实例强调指出：以比

较利益理论为基础的国际分工和国际贸易是完全可行的，不但对当事国双方有利，而且对整个国际社会也是有利的。实行国际专业化分工和国际贸易会给各国带来利益，没有一个国家害怕国际贸易，因为它对所有国家有利。

保护贸易理论和自由贸易理论是西方外贸理论的重要组成部分。为了理论阐述的方便，也为了使两者内容易于区别，保护贸易和自由贸易理论常常分开独立论述。但是，各国政府在实际进行外贸活动中并不是像理论的阐述上那样把二者绝然分开，而是将二者并行。事实上，保护贸易和自由贸易不但并行不悖，且可以互相补充。

当代西方经济学家都主张国际间要进行贸易，不再坚持排斥外国商品进口的立场了，认为任何一个国家哪怕经济条件优越的国家都不愿实行完全自给自足的封闭型经济，因为那样做无论从理论上还是从实践上看都是不足取的。所以当代西方经济学家认为，按比较利益原则因地制宜安排生产，发挥各国相对优势，实行国际专业化分工，各国都生产自己具有优势的产品，再进行国际贸易，互通有无。这样，各国各类产品的成本不仅比自给自足情况下耗费少，而且产品也多得多。各国都能从国际贸易中获得更多的产品和利益。

二

我国发展对外经济关系的基本形式就是扩大对外贸易，利用外贸，引进先进技术设备，对外承包工程和劳务合作，对外进行经济援助等，其中对外贸易是最基本的形式。我国实行对外开放政策，发展对外经济关系，固然可以借鉴西方外贸实务中的某些措施和做法，但并非受西方外贸理论的指导。西方外贸理论只是根据绝对成本理论或相对成本理论，论证实行国际专业化分工、国际贸易的必要性和贸易国双方互获利益。我国实行对外开放并非出于主观臆断和权宜之计，而是基于深刻的科学认识：实行对外开放和积极发展对外经济关系是社会分工深化和社会生产力发展的客观要求和必然结果。社会主义有计划商品经济，既要充分利用国内资源和市场，也需要利用国外资源和国际市场；通过发展对外经济关系，把世界资源和国际市场作为本国经济协调、稳定、持续发展的一个有机组成部分。在现阶段，实行对外开放政策，发展对外经济关系是加速我国社会主义四化建设的迫切需要。我国四化建设中最突出的困难是资金不足，技术落后，缺乏现代化大生产的管理知识和经验。解决这些困难问题主要靠自立更生。但自立更生绝不是闭关自守、孤立奋斗，而是要在自立更生的基础上积极发展对外经济关系，引进先进的技术、设备、资金、人才、信息、现代化经营管理知识和经验，使我国社会主义现代化建设得到迅速发展。

发展对外经贸关系是发展社会主义有计划商品经济的客观需要。实践也证明，开放政策实施以来已开花结果，收效卓著，这在于我国的对外经贸关系的方针是建立在平等互利基础之上的，在于坚持自力更生、平等互利和实行开放政策。

第一，我国对外经贸活动服务于现阶段的中心任务。当前我国最大的中心任务就是：团结全国各族人民，自立更生，艰苦奋斗，逐步实现工业、农业、国防和科学技术现代化，把我国建设成为高度文明、高度民主的社会主义国家。对外经贸活动必须为四化建设这个中心服务，扩大对外经贸联系和科技交流，充分利用国际市场，以获取发达国家的资金、科技和经济管理经验，以加速我国四化建设。

第二，我国对外经贸活动是在平等互利原则下进行的。平等互利是一个完整的含义，二者不能分割。平等是基础，没有权利和地位的平等，要实现互利是不可能的。西方外贸理论也讲互利，但是由于没有坚持地位平等，贸易结果不是互利，而是一方获利。连西方著名经济学家李嘉图也承认这个事实：同殖民地贸易更有利于母国，而不利于殖民地。

　　第三，根据平等互利原则，我国积极发展同发展中国家的经贸关系。加强对这些国家和地区的互助合作是我国对外战略的基本立足点。根据自己的力量和可能积极开展同这些国家和地区的贸易、经济和技术合作，也就是要加强"南南合作"，对于建立国际经济新秩序具有伟大的战略意义。现在我国已同 140 多个发展中国家和地区建立了经贸联系，它们是我国许多商品的重要出口市场。凡是对方需要的商品，我们都尽可能地积极提供。中国同这些国家和地区的经贸关系一般都处于顺差地位，但同时根据需要与可能，中国也积极从它们那里购进商品，以表现互利原则。

　　第四，根据平等互利原则，我国正积极发展同发达国家的经贸关系。西方发达国家包括欧洲绝大部分国家、亚洲的日本、太平洋的澳大利亚和新西兰以及北美洲的美国、加拿大等 30 多个国家。这些国家经济高度发达，科学技术水平高、工业发达；同时它们经济实力雄厚，国民收入丰裕，市场容量大。这是我国四化进程中必须利用的经济力量和国际市场。近年来，我国同这些国家的经贸关系发展甚为迅速，特别是同日本、欧洲经济共同体和美国的贸易发展尤为迅速。

　　第五，根据平等互利原则，中国正积极发展同苏联即现在的独联体和东欧国家的经贸关系。近年来，中苏关系正常化以后，双方经贸关系逐渐恢复和发展，贸易额明显增加，可望今后继续得到发展。中苏两国政府还就经济技术合作、科学技术合作等方面签订了双边协定，还签订了五年长期贸易协定。这些协定为今后两国经贸关系进一步发展奠定了良好的基础。随着中苏关系的改善，我国同东欧国家的经贸关系也得到了恢复和发展，我国在对这些国家的贸易中存在大量顺差，这为今后扩大同它们的贸易奠定了基础。

　　第六，根据平等互利原则，内地积极发展同中国领属的香港、澳门、台湾等地的经贸关系。这些地区经济尤其是外贸经济比较发达，发展内地与这些地区的经贸关系对促进四化建设意义甚大。香港长期以来是一个国际自由贸易港口，国际贸易十分发达。内地和香港的贸易关系十分密切，相互促进。内地对香港贸易的发展是促进其经济持续发展的重要因素，内地是香港的重要转口市场。香港也是对内地四化建设的促进，又是中国政府获取出口现汇收入的重要来源之一。澳门也是一个自由贸易港口，货物和外汇进出澳门边境均不受限制，是内地出口商品的传统市场，是中国收取现汇收入的另一重要来源地。

由于人所共知的原因，目前，内地与台湾的间接贸易主要是通过香港、新加坡、日本等地的转口贸易实现的，其中通过香港转口贸易量最大。此外，福建沿海地区和台湾之间仅有一些小额贸易。近几年来，台湾和内地间接贸易不断扩大，但由于台港当局还禁止台湾与内地的直接贸易，故海峡两岸的贸易还受到极大限制，这有待有关方面努力克服。

三

对外贸易对一国经济的增长既有促进的一面，又有影响制约的一面。因此，必须高度重视和正确把握对外贸易与一国经济增长的关系。

第一，外贸能为四化建设节约社会劳动和积累资金。在国际市场上，商品是按国际价值进行交换的。一般说来，我国出口商品的国内劳动消耗大于国际劳动消耗，即国内价值大于其国际价值。因此，通过发展进口贸易可以大量节约社会劳动。同时，随着劳动生产率的提高，出口商品结构的改进，外贸部门管理的改善，我国出口贸易将为国家积累更多的资金。

第二，外贸协调社会再生产按比例的发展。我国尚不可能生产自己需要的一切产品，也不可能在本国范围内实现社会生产物质形态上的平衡，只能通过外贸在国际范围内进行实物形态的转移，使之协调国内实物形态的平衡，从而保证社会主义扩大再生产的顺利进行。

第三，外贸能为国内引进先进的科学技术与设备，推动我国科学技术的发展，促进生产方法的改进。自实行开放政策以来，我国有计划有选择地从国外引进一批新的技术和设备，填补了我国工业技术方面的某些空白，推广了新兴技术，加快了老企业的技术改革，改进了生产操作方法，提高了我国工业的生产能力和技术水平，推动了以现代化为中心的社会主义事业的发展。

第四，外贸调整进出口商品结构，促进国内产业结构合理化。对外贸易能否促进经济增长，是同贸易结构能否适应国际市场的需求密切相关。从进口商品结构来看，要逐渐改变以"原料——消费品——加工工具"为序的核心结构，减少原料和高档消费品的进口。增加重工业技术和设备的进口。以促进国内产业结构的调整；从出口商品结构来看，要压缩初级产品特别是国内紧缺的原材料的出口，努力增加工业制成品特别是技术产品的出口，逐步优化出口产业结构，改善贸易条件，促进国内经济增长。

总之，我国经济增长对外贸有着相当大的依赖性，外贸的迅速发展在一定程度上带动了整个国民经济的发展，对外贸易是促进经济增长的重要因素。政府要对外进行有效的组织与管理，从国家宏观经济增长的需要与可能出发，创造有利于经济增长的一些外贸条件，发展我国对外贸易，充分发挥外贸对我国经济增长的促进作用。但是必须指出，如果国内经济运行中出现一些不利于经济增长的外贸条件，那么对外贸易对经济增长的作用机制就可能制约着国民经济的发展，加剧国民经济的波动和失衡。这表现在以下两个方面。

首先，进出口贸易对我国经济总量是有影响的。就进口来说，适量的进口可以在一定程度上缓和总供给和总需求不平衡的矛盾，并能推动技术进步和经济发展。但是，如果进口过多，超过国家的对外支付能力，那就必然挤占有限外汇和资金，严重影响国民经济的协调发展。就出口来说，我国的宏观经济条件决定了我国的出口增长率必须控制在一个合理的范围内。如果出口增长率过快，势必加剧国民经济供求失衡的矛盾。持续的扩大出口会刺激国内生产的扩张，从而推动需求的进一步膨胀，最终加重国内通货膨胀和经济波动，影响经济的发展。

其次，进出口贸易会对国民经济结构产生影响。就进口来说，进口商品结构和国民经济结构的关系是相互影响、相互作用的。合理的进口商品结构不仅能在一定程度上缓和生产需求和消费需求短缺的矛盾，而且能促进产业结构优化，推动经济的进一步发展。但是从实际情况来看，过去几年我国进口商品结构存在不合理的情形：一是进口商品中不少是国内的长线产品或自己有能力生产的产品，因此，这些商品进口非但没有显著缓和国内需求短缺，反而引进竞争打击国内相关产业的发展；二是一度强调生产资料的进口，排斥消费资料的进口，因而加剧总需求和总供给的矛盾；三是我国产业结构的调整和经济的发展有些依赖进口，紧步发达国家的后尘，但今天跟的是人家昨天的技术，老是不能同步，结果不仅导致产业结构老化，而且导致国际收支失衡。就出口来说，出口商品结构一方面受国内产业结构制约，另一方面又影响国内产业结构的变动。从我国出口商品结构来看，原油、煤炭、农副产品、纺织原料及其制品，仍然是我国出口的大宗商品，而技术产品较少，高技术产品更少。我国这样的出口商品结构表明：一方面它没有起到推进国内产业向高科技化发展的作用；另一方面大量资源的出口加剧了国内市场资源的短缺，这又阻碍了经济结构的调整。

综上所述，从外贸对经济增长的作用机制来看，由于外贸的发展与经济增长不相协调，最终将制约着经济的发展。因此，如何把外贸纳入经济增长体系中作为经济增长的重要因素来研究，是我国外贸理论和实践的一项重要而又紧迫的任务。

对西方市场经济理论的借鉴与吸收[*]

一

人们在长期社会经济交往中对市场和市场经济的一般意义及其作用已逐渐形成共识，按西方经济学解释，市场乃是买卖双方占用一定场所借以彼此进行交易或联系的自发形成的但却是有组织的相互作用的统一体。对买方来说，市场是进行购物的场所或中介，通过市场能够买到自己生产所需的各种生产资料或自己生活所需的各种生活资料，这就是市场的需求；对卖方来说，市场是进行售物的场所或中介，通过市场能够售出自己的产品或劳务，这就是市场的供给。买卖双方为实现需求和供给所进行的交易活动构成市场全部活动，凡市场必包含这两方面活动，缺一便不成为市场。

作为真正意义上的市场经济是和资本主义一同发生发展的。它必须具备以下条件：其一，活动于其间所有买卖双方对市场行情应有完全的了解，能独立自主地相机行事；其二，买卖双方应有完全充分的流动性，可以自由行动，完全自主地趋利避害；其三，买卖双方之间进行强烈的但又是机会均等的竞争，优胜劣汰。这些条件汇总在一起形成一种趋势：在任何一个特定时间内，同一个市场上某种同质商品趋于确立同一价格。但这只是暂时的，竞争永不停息，价格始终在动态中变化着。

* 本文原载于《经济研究参考》1995 年第 37 期，由吴奎罡、吴忠二人合著。

　　市场经济条件下的市场对商品生产和商品交换起着支配作用，成为联结社会生产、流通、分配和消费的强有力的纽带，成为社会经济运行的轴心，即社会一切经济活动和经济行为都通过市场来进行。市场对一切经济行为实行一种隐形的强制作用，即市场机制作用：(1)它自发地但却是强制地实现价值规律的要求，即商品价值决定于生产商品所耗费的社会必要劳动时间，商品生产和商品交换通行的原则是买卖公平和等价交换；(2)受价值规律作用影响的供求规律和竞争规律都在市场上起作用：前者表现在商品按社会必要劳动时间决定的价值交换，因而当价值的货币表现价格偏低时，社会就减少供给增加需求，反之就增加供给减少需求。后者表现在商品按社会必要劳动时间决定的价值交换，因而当个别劳动时间低于社会必要劳动时间的生产者就赚钱，就有竞争力，反之就亏本，就失败。因此，优胜劣汰的竞争规律迫使每个竞争者竭力提高劳动生产率，大大减少劳动消耗，以获取更多的经济效益。当某个部门众多的生产者都如此行动时，社会生产技术水平就大大提高，从而社会必要劳动时间就大大减少，随之商品价值也同比例地减少，但社会生产却向前发展了一大步，社会产品也获得了增加。这表明，市场经济条件下市场机制的作用是同社会经济发展同步的，促进了社会进步和经济繁荣。具体一点说，市场机制的核心内容是以价值规律为依据的价格体制，在市场上，价格是影响需求和供给的最重要因素。这是因为在市场经济条件下，价格为消费者的需求及其购买决策提供了参考信息，同时又把价格实现的形式传递给厂商，使其调整并确定自己的供给。此外，价格还把市场上既定的供给量分配给商品的需求者，并且保证供求双方都能得到合理的利益。因此，在完全竞争的市场条件下，需求和供给的关系建立在价格的基础之上，同时，价格又是由各种产品、劳务和生产要素的供求状况来决定的。这充分表明了价格对供给和需求的重要作用，这种作用就体现为价格机制。价格机制在完全竞争条件下，表现为竞争力量使供求自发趋于均衡。在政府干预经济的情况下，价格机制表现出三种形式：一是价格支持，即政府为防止市场某些商品价格跌到某一最低水平下而规定的最低价格，这一般多应用于农业和亏损行业；二是价格限制，即政府为了防止生活费用不断上涨而对某些商品和劳务实行最高限价，这一般多应用于生活必需品和战时某些紧张物资；三是价格稳定，即政府规定的价格等于市场现行价格，并在较长时期内稳定在这一水平上，这一般应用于能源和贵重原材料上。

西方经济学家无论是过去还是现在，一般都重视市场机制的作用。不过，不同时期的经济学家重视程度则不同：古典经济学家斯密曾认为，在自由竞争条件下发挥市场机制的作用是管理国民经济的通则。他把市场机制喻之为"一只看不见的手"，认为市场上各种经济行为及当事人的劳动习惯和交换倾向均由这只"看不见的手"来诱导和调节的，故而各种经济行为得以协调起来。古典经济学家这里论述的乃是自由放任的资本主义市场经济。而当代西方经济学家一般则认为，市场经济条件下实现市场机制有助于生产资源合理配置，但带有严重的自发倾向，难以避免生产过剩或供给短缺、抢购或搭配销售诸现象之发生。因而，他们认为，政府干预经济是必要的，通过政府干预下的市场机制的调节作用，不断调节供求，使供求趋于均衡，需求量和供给量趋于相等。当代西方经济学把这种情形称作市场均衡，并认为市场均衡乃是一种趋势，是市场的正常状态。因为市场中供求双方力量的作用存在着自我调节的机制，失衡将趋于均衡。各个厂商都试图在市场均衡的状态下实现利润最大化。当代西方经济学家在这里所研究的是发达的现代资本主义市场经济，即由政府宏观控制的资本主义市场经济。

随着社会经济的发展和科技的进步，市场经济也日益发展繁荣，市场种类也日益增多。在发达的现代商品经济条件下，市场种类有以下几种类型：商品市场、生产要素市场、劳务市场、金融市场等；除了这些有形的物质市场在不断发展之外，现在还出现了一些无形的物质市场,如信息市场、科技市场等。随着商品经济的不断发展,参与市场买卖行为的人越来越多,交换的地区范围也越来越大,有农村市场、城市市场、跨省的地区市场、国内市场。同时,商品交换突破了国家界限,出现了国与国之间的交易行为。这就出现了国外市场、国际市场或世界市场等。市场发展由小到大,由国内市场发展延伸为国际市场、世界市场。市场发展为市场经济,这是各国经济长久发展的历史结果,也是世界经济不断发展的客观必然趋势。各国人民必须遵照这一客观经济规律的要求,积极主动地参与国内外市场的一切经济活动,在激烈的市场竞争中求生存求发展,任何搞封建割据或闭关锁国的经济行为都是绝路。

二

经济发展史证明,世界上任何一个国家的社会经济都需要市场。我国今天决定建立社会主义市场经济是从传统社会主义经济理论制约着经济发展的严重后果中悟出来的,是对传统理论的重大突破,是对科学社会主义理论的崭新建树。

科学社会主义奠基人马克思、恩格斯曾设想过,在将来高度发展的共产主义社会将实行以单一全民所有制为基础的完全计划经济:在那时社会全部资源被用于生产,全部产品和劳务的分配都将由那时中央机构的统一计划来安排,全社会的需求和供给都将由计划来调节,不需要经过市场中介。但马克斯、恩格斯这种设想被后来社会主义经济发展的理论和实践所打破了。列宁从当时经济发展的实际出发实行新经济政策;斯大林后来论证社会主义制度下存在商品市场。毛泽东同志还在我国社会主义建设初期就教育广大干部要重视商品市场和价值规律对社会主义经济发展的重大促进作用;邓小平同志南方谈话中指出,"市场经济不等于资本主义,社会主义也有市场,计划与市场都是经济手段。"今天,一些社会主义国家先后实行经济体制改革等，这些都从理论上和实践上反复证明：社会主义国家经济发展也离不开市场。因为社会主义经济的实质内容仍是商品经济。历史上商品经济和市场是一对孪生姐妹，商品经济是市场（经济）存在和发展的前提及基础，市场则是商品经济发展的外在形式和客观要求。今天，我国建立社会主义经济体制，进一步扩大全方位开放，参与国际市场竞争，扩大出口，积极引进外国先进科技与设备，加快四化步伐等，仍必须进一步发展社会主义商品经济。现阶段创建与完善社会主义市场经济体制则是我国社会主义商品经济发展的必然要求和潜力所在，也是世界经济进一步发展的客观必然要求。随着世界经济的发展，我国市场经济将与世界市场经济接轨。通过生产要素在国际间流动，会加速我国科技水平和经济效益的提高，从而将缩短我国赶超发达国家的时间。党的十四大根据邓小平同志南方谈话作出在中国建立社会主义市场经济制度的决定，完全反映了上述中国经济发展的历史必然性与世界经济发展的客观要求。

创建中的我国社会主义市场经济体制乃是一种崭新的经济制度，既包含市场经济的一般性质，又反映中国特色社会主义市场经济本质：

（1）促进中国社会主义市场起资源配置的基础作用。

如何理解市场起资源配置的基础作用呢？它就是指市场发挥价格机制和竞争机制的作用，迫使活动于其间的一切企业和个人的经济行为必须遵循价值规律的要求，认真进行市场预测和经营决策：审慎确定生产什么，生产多少，如何生产，合理定价，为实现自己的经营决策进行公平竞争，并主动适应市场供求关系的变化，调整生产要素的投向，寻找有潜力的投资场所，适时变更产销结构，以应付激烈多变的市场竞争。这样一来，市场通过价格机制和竞争机制的作用，促进了各种生产要素的合理流动，社会资源的合理配置，社会产业结构的合理优化，调节着一批企业的经营活动，影响和推动整个社会经济高效运行。同时，市场本身也在机制活动中进一步发育和成熟起来。

(2)确保各市场主体均享有机会均等和平等竞争权利。

所谓市场主体通常是指参与市场活动的完整而独立的一些经济单位，它们是市场构成中具有活力的因素。市场主体成熟与否直接关系着市场机制功能的发挥，关系着市场经济运行的质量和资源配置状况。目前我国社会主义市场存在三大主体：政府、企业、居民。它们除了市场主体意识水平不一样以外，在市场经济活动中所处的经济地位及其相互关系也不平等，还不能做到机会均等和平等竞争，不能成为各自经济行为的独立、自主、平等的决策者，这是现阶段市场主体不成熟的表现。

当前三大市场主体中最薄弱的是企业，尤其是国有大中型企业。企业作为市场主体，其成熟程度取决于产权主体地位和产权关系界定。企业法人产权主体地位的确立毫无疑问是企业经营乃至整个商品经济运行的制度基础，而企业产权清晰乃是经济体制改革的基本要求。只有企业这个市场主体内有硬的财产约束和预算约束、外有一系列法规约束，企业在经济活动中才有主权和动力，才有责任感，从而成为真正的市场主体，成为自主经营、自负盈亏、自我发展的集责权利于一身的商品生产者和经营者，成为自我约束的法人实体和市场竞争主体。

政府乃是一个大型的市场主体。长期以来，政府被当作全民所有制经济的代表，在国民经济中处于主导地位，加上长期实行计划经济所形成的一套政策法令，使政府机关拥有许多实权、特权，大大超过一般市场主体所享有的机会均等和公平竞争的权利，而权利的不平等必然导致不等价交换。此外，在政府机关工作的某些人员，他们凭借手中的权力，在社会经济活动中大搞以权谋私、权钱交易。他们名义收入不多，却能获得大量的物质财富、精神产品和社会服务。这些显然是和市场经济中的等价交换、机会均等、公平竞争原则水火不相容的。要使政府机关的工作人员真正成为市场主体中平等的一员，就必须对政府管理体制实行改革，使政企严格分开，转变政府职能，放权给企业。同时在机关大搞勤政廉政建设，实行公务员制度，严明法纪，开展以廉洁奉公为荣、以权谋私为耻的自我教育运动，使他们真正成为市场经济中普通的主体。

人民群众是市场经济中一个重要的主体，人数众多，需求量大。他们的出发点是要在市场中选购满足自己消费的商品和劳务，即物质产品、精神产品和社会服务。但他们消费的能力是有限的，其制约条件就是他们的经济收入和货币支付能力，除了那些能行贿谋私的人以外，一般居民只能根据自己的既定收入和支付能力来争取尽可能多的消费和满足，他们能够做到的只能是在市场交易过程中讨价还价。如果市场机制对他们不一视同仁，比如不实行等价交换、政府机关的某些工作人员以权谋私等，那么市场经济带给居民的就不是权利与机会的均等，这是违背市场经济的基本原则的，他们哪能称得上是市场主体呢？

总之，市场主体之间的相互关系是建立在等价交换和相互满足物质利益原则的基础之上的。如果各主体不能享有平等权利、机会均等和公开竞争原则，那么这种市场经济制度就缺乏必要的客观经济环境，因而市场机制也因缺乏经济基础而不能发挥其积极作用。

（3）健全市场体系，完善市场机制，进一步优化资源配置。

李鹏曾经在政府工作报告中强调要积极发展各类市场，逐步完善市场体系。我国市场尚处于初级阶段，市场发育程度很低，滞后于我国社会经济尤其是世界发达国家经济的迅速发展，距离健全发达的社会主义市场经济还很远，表现在市场体系不完整以及由此而来的机制不健全，市场运行不规范，条块行政分割突出，市场主体活力不够，而建立健全市场体系乃是一项复杂而艰巨的社会系统工程。

一般说来，市场经济下的市场体系包括消费资料市场、生产资料市场、运输市场、金融市场、劳务市场、房地产市场、技术市场和信息市场等。目前这些市场的发育程度很不一致，总体的发育水平均较低，必须加以培育。培育市场体系必须抓住以下重点加以突破。

第一，继续大力发展商品市场，特别是生产资料市场。通过为工农、乡镇企业和第三产业提供丰足的质高价廉的各式各样的生产资料，促进各种产业的发展；为城乡居民提供日益丰裕的精神与物质消费品，以满足他们学习、生活和享受方面的各种需求，促进他们工作和生产积极性的提升。

第二，发展劳务市场，促进人才合理流动和劳动用工制度的改革。应该指出，劳动力也是一种经济资源，必须得到合理配置。同时，必须明确社会主义条件下的劳动力还是商品，这就要求建立结构合理的劳动力市场。通过市场机制使劳动力达到最佳配置：一方面市场机制迫使劳动力不断提高自身素质，提高劳动质量，增强劳动力所有者的市场主体意识和竞争能力。建立劳动力市场有利于企业用人和个人择业的双向选择，有利于市场机制调节劳动力供求关系；另一方面又迫使企业合理用工，尽可能优化劳动力资源配置和劳动力组合，提高经济效益，增强企业自身的竞争力。劳动力市场的进一步发展必然促使劳动力素质的提高，促进政府与个人为提高劳动力素质而进行人力资本投资，追求投资效益，从而导致人才与人口流往异地和其他行业，以取得更多的收入。通过人才和劳动力资源的合理流动，优化了资源配置，促进了企业经济效益和职工个人收入的双提高。

第三，完善金融市场，促进其他要素市场的发展。目前我国金融市场还未正式形成。通过金融体制的深化改革，逐步使银行企业化。银行作为金融企业也将成为市场主体，依法参与市场竞争，发挥其职能作用，实行利率市场化和资金商品化，通过信贷和发行股票及债券，引导资金合理流动和结构优化，推动其他要素市场的发展。

第四，建立信息市场，及时发布准确信息，促成机会均等和公平竞争。企业通过信息市场掌握市场行情，以此来制定和调整自己的经营决策，从而加强了各主体在市场竞争中的地位和经济实力。如果不建立一个公正而准确的信息市场，市场信息必然出自多门，使真正的市场信息被掩盖或被扭曲，真伪难辨，造成市场信息失真，以致市场主体难于决断或决策失误。

当前要以发展生产要素市场为重点，兼顾各类市场，逐步建立比较完善的、崭新的市场体系。要发挥市场机制在资源配置中的基础性作用就必须建立健全这种市场体系，这是一种完整的统一的全方位开放的市场体系，它包括批发市场和零售市场在内的商品市场；包括批发、现货及期货在内的生产资料市场；包括技术、金融、劳力、人才、信息、房地产、资产市场在内的生产要素市场；包括文化、教育、咨询、诉讼在内的社会化服务市场以及跨地区、跨国界的国内统一市场和国外市场。

（4）建立健全各种市场法规，规范市场主体行为，维护公平竞争。

规范市场主体行为就是依法管理市场，用法律法规协调各方面关系，维护市场秩序，保证我国社会主义市场经济健康有序地进行。

我国正在建设中的社会主义市场经济，包含着市场经济的一般性质，客观上要求市场经济运行必须遵循公开、公平、公正的竞争原则。目前，我国市场尚未法制化，市场秩序有些混乱，市场经济运作不规范，存在条块分割、封锁和垄断等情形。这些现象是不符合作为法治经济的市场经济运行的客观要求，不符合公平竞争、机会均等和等价交换，已阻碍了我国市场经济的进一步发育和发展。这表明，社会主义市场经济没有相应的法制基础是建立不起来的。为使创建中的我国社会主义市场经济能够健康有序地运行，当务之急是我国必须按照社会主义市场经济原则出台一系列相应的法律、法规和政策，规范市场主体行为，以维护市场经济运行秩序，这是发挥市场机制的前提，必须依法规范政府行为（限制政府及其工作人员利用职权垄断市场或形成官商），规范涉外领域市场经济中中外客商经济行为，监督一切涉外经济活动，严格遵守中国法律和国际市场规则，促成中国社会主义市场经济与世界市场经济相接轨。为此，要尽快出台市场法、价格法、反垄断法、投资法、公司法、劳动法、银行法、证券法、房地产法、税法、商标法、专利法、预算法、外贸法、外国投资法、外汇管理法以及国有财产管理法等，其中在市场与计划双轨制背景下制定的有些经济法规现已不适应社会主义市场经济的要求，应立即进行修改、完善或废除。通过出台并实施上述这些法律、法规，以健全市场经济的宏观调控体系、社会保障体系和法律监督体系，使社会主义市场经济沿着健康有序的轨道运行。严格规范市场主体行为，促进并保护公平竞争，打破市场的条块分割、封锁和垄断，尽快形成开放、竞争、有序的全国统一的社会主义市场经济体系。

三

我国社会主义市场经济是国家宏观调控下的市场经济，必须看到：市场在资源配置方面起基础性作用的同时，还有其弱点和消极方面，这就决定着实行国家宏观调控的必要性。实行宏观调控旨在保证市场机制发挥其积极作用，限制其消极作用，克服其弱点，而不是取代它。

国家对市场经济条件下的各种微观经济行为实行宏观调控，这是一项巨大而复杂的系统工程。国家要能有效地实现这种宏观调控，关键是要建立一种既能正确反映市场客观要求又能有效引导市场的新型宏观经济管理体制。这种宏观经济管理体制必须建立在充分尊重价值规律和市场供求关系的基础之上。这种新型宏观经济管理体制新就新在转变过去传统计划管理模式，从着重管理微观经济活动（批项目、订指标、分投资、分物资等），转到管理宏观经济活动上来，把主要精力用来研究和提出经济发展的总体目标、大政方针、重点建设、市场机制、协调服务，实行宏观调控和总量管理。政府从宏观上协调各主体之间的经济关系及其物质利益；同时，转变管理方法，从过去偏重运用行政直接管理转到主要运用经济政策、经济杠杆、经济法规、法律指令等必要的行政手段，同时，政府还应采取利率、汇率、债券及股票发行等货币政策协调生产、消费和供求，抑制通货膨胀，稳定经济发展。此外，政府还应出台一些合理的税种、税率、财政预算及财政政策，对社会总收入进行再分配，实现社会分配总体公平。总之，国家从运用行政直接管理转到进行间接管理上来，通过提供服务和协调制衡，进行预测指导，引导社会主义市场经济正常运行，实现国民经济稳定、高效、均衡增长。

值得提醒的是，国家对经济实行宏观调控不是一成不变的。当调控失误时，国家就要不失时机整顿调控系统，帮助市场机制恢复功能，保证市场在资源配置中起基础性作用。应当知道，国家对社会经济的宏观调控是通过市场为引导的，企业在生产经销上直接面向市场，自主经营，自负盈亏，为市场而进行产销活动。在市场经济条件下，市场调节着社会经济运行的主体，既调节着微观，又调节着宏观。市场机制是全社会经济运行的基础，是自发发挥作用的。政府调控经济是主动的，其实质是为市场服务的，着重点是创造和优化市场经济的主客观环境，保证市场机制更好地发挥积极作用。政府利用市场机制的积极作用，对社会经济实行宏观管理，总量调控。

总之，对建立现代化大生产基础上的市场经济实行一定范围内和一定程度上的宏观调节乃是社会经济社会化发展的客观普遍要求。现在世界上大多数国家尤其是资本主义发达国家都实行程度不同的国家干预或计划调节下的市场经济，完全自由放任的市场经济在社会经济生活中已不复存在。社会主义国家对经济运行实行宏观调控势在必行。社会主义市场经济条件下市场机制的自发调节作用与政府的主动宏观调控是同步进行的，成为政府管理经济、调节市场供求关系、协调社会经济运行的一种行之有效的手段。二者在对社会经济运行发挥作用过程中既有相辅相成的一面，这必将成为促进社会主义健康高效发展的合力；又有矛盾斗争的一面，这就决定着国家要不断调整自己的调控系统，对市场机制要因势利导，因事制宜，扬其长，抑其短，从而使市场机制始终作为社会主义经济良性运行和协调发展的策动力。这就是社会主义国家的宏观调控对市场机制消极方面的能动作用。事实表明，在宏观调控下的我国社会主义市场经济与西方国家政府干预下的资本主义市场经济有着根本区别：

第一，我国社会主义市场经济是以公有制经济为主体，以个体、私营、外资、合资经济为补充，以按劳分配为主、其他分配形式为辅，兼顾效率与公平，实现共同富裕的这样一种市场经济。

第二，我国社会主义市场经济是国家宏观指导下的市场经济。在这里，市场机制是在国家计划和政策调控下有序地发生，这和私有制经济条件下的市场机制自发地、自由放任地发生作用是根本不同的。

第三，我国社会主义市场经济条件下市场机制的自发作用同政府的宏观调控是并行的，这决定了它们既是相互监督的，又是相互补充的。

总之，在发挥市场机制积极作用的同时，切实保证国家对社会经济发展的宏观调控，这是我国社会主义市场经济体制立于不败之地的保证，也是社会主义市场经济得以健康、高效和有序发展的潜在动力，是社会主义经济活力的源泉。建立社会主义市场经济体制是现行经济体制深化改革的必然结果。这不是改变我国社会主义经济制度，而是我国社会主义制度的自我发展和自我完善。